"福建省'十三五'中小学名师名校长培养工程丛书"编委会

（福建教育学院培养基地）

丛书主编：郭春芳

副 主 编：赵崇铁　朱　敏

编 委 会：（按姓氏笔画排序）

于文安　杨文新　范光基　林　藩　曾广林

名校长卷

主　　编：于文安

副 主 编：简占东

编　　委：陈　曦　林文瑞　林　宇

名 师 卷

主　　编：林　藩

副 主 编：范光基

编　　委：陈秀鸿　唐　熙　丛　敏　柳碧莲

福建省"十三五"
名校长丛书

多彩教育

——让每一个孩子拥有绚烂多彩的童年

何宝群　著

厦门大学出版社
XIAMEN UNIVERSITY PRESS

国家一级出版社
全国百佳图书出版单位

图书在版编目(CIP)数据

多彩教育:让每一个孩子拥有绚烂多彩的童年/何宝群著.—厦门:厦门大学出版社,2021.4

(福建省"十三五"名校长丛书/郭春芳主编)

ISBN 978-7-5615-8140-7

Ⅰ.①多… Ⅱ.①何… Ⅲ.①中小学教育—教学研究 Ⅳ.①G632.0

中国版本图书馆 CIP 数据核字(2021)第 049184 号

出 版 人	郑文礼
责任编辑	郑 丹

出版发行 厦门大学出版社

社 址	厦门市软件园二期望海路 39 号
邮政编码	361008
总 机	0592-2181111 0592-2181406(传真)
营销中心	0592-2184458 0592-2181365
网 址	http://www.xmupress.com
邮 箱	xmup@xmupress.com
印 刷	厦门集大印刷厂

开本	720 mm×1 000 mm 1/16
印张	15
插页	2
字数	262 千字
版次	2021 年 4 月第 1 版
印次	2021 年 4 月第 1 次印刷
定价	58.00 元

本书如有印装质量问题请直接寄承印厂调换

厦门大学出版社
微信二维码

厦门大学出版社
微博二维码

◎ 总　序

"百年大计,教育为本;教育大计,教师为本。"教师队伍建设是教育质量提升的关键。2018年,中共中央、国务院印发《关于全面深化新时代教师队伍建设改革的意见》,吹响了新时代教师队伍建设改革的集结号,提出教师队伍建设改革的目标是"到2035年,教师综合素质、专业化水平和创新能力大幅提升,培养造就数以百万计的骨干教师、数以十万计的卓越教师、数以万计的教育家型教师"。福建省委、省政府牢记习近平总书记"福建没有理由不把教育办好"的殷切嘱托,以高度责任感、使命感,坚持教育优先发展,始终将建设一支师德高尚、业务精湛、结构合理、充满活力的高素质专业化教师队伍作为基础工作,出台了一系列政策措施,激发广大教师投身教育综合改革的积极性、主动性、创造性。福建省教育厅为打造基础教育高层次领军人才队伍,实施"强师工程"核心项目——中小学名师名校长培养工程,旨在培养一批在省内外享有盛誉的名师名校长,促进我省教育高质量发展。

"十三五"期间,福建教育事业紧紧围绕"新时代新福建"发展战略,坚定不移走以提升质量为核心的内涵发展之路,着力推动规模、质量和效益的协调发展,努力让教育改革发展成果更多地惠及民生,让人民群众有更多的获得感。2017年,省教育厅会同财政厅启动实施了"十三五"中小学名师名校长培养工程,在全省遴选培养100名名校(园)长、培训1000名名校(园)长后备人选、100名教学名师和1000名学科教学带头人。通过全方位、多元化的综合培养,造就一批师德境界高远、政治立场坚定、理论素养深厚、教学能力突出(治校能力突出)、教学风格鲜明(办学业绩卓越)、教育视野宽阔、富有开拓创新精神、在省内外有较大影响力的名师名校长，为培育闽派教育家型校长和闽派名师奠定基础，带动和引领全省中小学教师队伍建设，为推进我省基础教育优质均衡发展、办好人民满意教育，为"再上新台阶、建设新福建"提供有力的人才保障。

为扎实推进福建省"十三五"中小学名师名校长培养工程，保障实现预期培养目标，福建教育学院作为本次名师名校长培养工程的主要承担单位，自接到任务起，就精心研制培养方案，系统建构培训课程，择优组建导师团队，不断创新培养方式，努力做好服务管理，积极探索符合名师名校长成长规律的培养路径，确保名师名校长培养培训任务高质量完成，助力全省名师名校长健康成长，努力将培养工程打造成全省乃至全国基础教育高端人才培养示范性项目。

在培养过程中，我们从国家战略需求、学校发展需求和教师岗位需求出发，积极探索实践以"五个突出"为培养导向，以"四双""五化"为培养模式的基础教育高端人才培养路径。其中"五个突出"：一是突出培养总目标。准确把握目标定位，所有培养工作紧紧围绕打造教育家型名师名校长而努力。二是突出培养主题任务。2017年重点搞好"基础性研修"，2018年重点突出"实践性研修"，2019年重点突出"个性化研修"，2020年重点抓好"辐射性研修"。三是突出凝练教学主张（办学思想）。引导培养对象对自身教学实践经验（办学治校实践）进行总结、提炼、升华，用先进科学理论加以审视、反思、解析，逐步凝练形成富含思想和实践价值、具有鲜明个性的教学主张（办学思想）。四是突出培养人选的影响力与显示度。组织参加高端学术活动，参与送培送教、定点帮扶服务活动，扩大名师名校长影响。五是突出研究成果生成。坚持研训一体，力促培养人选出好成果，出高水平的成果。

"四双"：一是双基地培养。以福建教育学院为主基地，联合省外高校、知名教师研修机构开展联合培养、高端研修、观摩学习。二是双导师指导。按照理论联系实际原则，为每位培养人选配备学术和实践双导师。三是双渠道交流。参加省内外及境外高端学术交流活动，积极承办高水平的教学研讨活动，了解教育前沿情况，追踪改革发展趋势。四是双岗位示范。培养人选立足本校教学岗位，同时到培训实践基地见学实践、参加送培（教）活动。

"五化"：一是体系化培养。形成"需求分析—目标确定—方案设计—组织实施—效果评估"的培养链路，提高培养专业化、精细化、科学化水平。二是高端化培养。重视搭建高端研修平台，采取组织培养人选到全国名校跟岗学习、参加国内高层次学术会议和高峰论坛、承担省级师训干训教学任务等形式，引领推动名师名校长快速成长。三是主题化培养。每次集中研修，都做到主题鲜明、内容聚焦，坚持问题导向和结果导向，努力提升培养的针对性和实效性。四是课题化培养。组织培养对象人人开展高级别课题研究，以提升理性思维、学术素养和科研水平，实现从知识传授型向研究型、从经验型向专家型的转变。五是个性化培养。坚持把凝练教学主张（办学思想）作为个性化培养的核心抓手，引导培养人选提炼形成系统的、深刻的、清晰的教育教学"个人理论"。

通过三年来的艰苦努力，名师名校长培养工作取得了显著成效，积累了丰硕成果，达到了预期目标。名校长培养人选队伍立志有为、立德高远的教育胸襟进一步树立，办学理念、政策水平和管理能力进一步提升，立功存范、立论树典的实践引领能力进一步提高，努力实现名在信念坚定、名在思想引领、名在实践创新、名在社会担当。名师培养人选坚持德育为先、育人第一的教育思想进一步树立，教书育人责任感、使命感和团队精神进一步强化，教育理论素养进一步提升，先进教育理念进一步彰显，教育教学实践和创新能力进一步增强，独特教学风格和教学主张逐步形成，教育科研和教学实践均取得了丰硕成果。一是专项研究深。围绕教学主张或教学模式出版了 38 部专著。二是成果级别高。84 位名校长人选主持课题 130 项，其中国家级 6 项；发表 CN 论文 239 篇，其中核心 16 篇；53 位名师培养人选主持省厅级及以上课题 108 项，其中国家级 7 项；发表 CN 论文 261 篇，其中核心 81 篇。三是奖项层次高。3 位获 2018 年教育部基础教育国家级教学成果奖二等奖；15 人获得 2017 年、2018 年福建省基础教育教学成果奖，其中特等奖 3 位、一等奖 7 位、二等奖 5 位；1 位评上国家级"万人计划"教学名师；34 位培养人选评上正高级职称教师；13 位获"特级教师"称号；2 位获"福建省优秀教师"称号。四是辐射引领广。开设市级及以上公开课、示范课 203 节；开设市级及以上专题讲座 696 场；参加长汀帮扶等"送培下乡"活动 239 场次；指导培养青年骨干教师 442 人。

教育是心灵的沟通，灵魂的交融，思想的碰撞，人格的对话，名师名校长应该成为教育的思想者。在我省名师名校长培养对象即将完成培养期时,福建教育学院培养基地组织他们把自己的教学(办学)思想以著作的形式呈现给大家,并资助出版了"福建省'十三五'名校长丛书""福建省'十三五'名师丛书",目的就是要引领我省中小学教师进一步探究教育教学本质,引领我省中小学校长进一步探究办学治校的规律,使名师名校长培养对象成为新时代引领我省教师奋进的航标,成为办人民满意教育的先行者。结束,是下一阶段旅程的开始,希望我省名师名校长培养对象不忘立德树人初心,牢记为党育人、为国育才使命,积极投身新时代新福建建设,为福建教育高质量发展再建新功。是为序。

福建教育学院党委书记、教授、博士

郭春芳

2020 年 8 月

谁持彩练当空舞

◎ 任　勇*

　　厦门实验小学,是厦门教育的一张名片,是厦门市民心目中最有名气的小学之一。

　　实小之名,名在哪里?能否用一句话来概括?我一直在寻找答案。当何宝群校长将《多彩教育——让每一个孩子拥有绚烂多彩的童年》书稿的电子版发给我时,我眼前一亮,这不就是我要寻找的那个答案吗?——多彩!

　　我迫不及待地翻看下去,多么熟悉的实小,我再次感受到她的品质,她的内涵,她的底蕴,她的文化,她的灵秀……

　　教育之事,管理之事,发展之事,过于理想难以行走,没有理想行之不远。当教育理想遭遇教育现实挑战时,就需要我们在理想与现实之间找到"黄金分割点",这就是挑战中的抉择,这需要我们有勇气、智慧和坚守。"多彩教育",见证了实小人的探索,见证了实小人的境界!

　　一所学校只有升华传统和不断创新,才能保持新鲜的生命力,才具有蓬勃的生机,从而形成长久发展的态势。"多彩教育",就是在继承实小传统基础上的创新。继承,让教育创新有其"源",有文脉,很"自然";创新,让学校发展有活力,体现"自觉",体现学校的价值引领。

　　"多彩教育"是什么?

　　何校长说:"多彩教育,是以多元之手段培养出彩之儿童的教育;是学校推进素质教育和落实特色办学的方法论;是开放的、多元的、特色的、优

---

　　* 任勇,厦门市教育局原副局长、巡视员,特级教师,享受国务院政府特殊津贴专家,当代教育名家。

质的和公平的教育。"

何校长还说:"多彩教育,是心教育,直抵儿童心灵;是暖教育,温暖整个人生;是广教育,博雅胸怀与视野;是众教育,多元主体参与;是魅教育,张扬学生个性。"

"多彩教育"还是什么?

我以为,是一种登高远望的视角和谋划,是一种教育价值的追求和引领,是一种理念融入的落实和运行,是一种教育规律的体现和构建,是一种教育良知的坚持和守望,是一种教育本真的遵循和践行。

细读下去,书中"多彩"纷呈。

"多彩校园",是欢乐的、灵秀的、迷人的。校园里的景观浸润着育人的元素,凤凰花开那么唯美、热烈、青春、蓬勃、灿烂、奔放,漫步校园,着实让人感受到其沐阳生辉和多彩溢乐,校园里的人们"笑意写在脸上"。

"多彩德育",是按需的、开放的、引领的。让孩子从做主、参与到策划,从礼仪、劳动、研学、安全、国防教育到假日小队活动,从新生教育到毕业生教育,从激励评价、多元评价到综合评价,从搭建多样化的学习平台到构建网络德育平台,从家校共育到亲子共读,都是育人无痕之举。

"多彩课程",是丰富的、选择的、开放的。课程即曼妙的诗篇,课程即美好的相遇,课程即多彩的记忆,课程即精彩的瞬间;"凤凰花"课程五彩缤纷,有梦想、有才气、有特长、有活力、有灵气;"六小"课程群,让小文人、小天使、小能手、小博士、小健将、小达人"辈出";多彩学科、多彩节日、多彩社团、多彩厦门,都是孩子灵性成长的平台。

"多彩课堂",是饱满的、愉悦的、生长的。"多彩课堂",是生命灵动、和谐多元、动态生成、温暖人生的课堂;教学目标饱满、内容丰富、过程立体、方法灵动、评价多元,教学充满激励文化;学生思维:活跃、专注、敏思;学生行为:文明、敏捷、自律;学生气质:雅气、锐气、灵气;师生情绪:稳定、宁静、激情;课堂氛围:活跃、温馨、有趣;教学效果:高质、高效、高品。

"多彩教师",有德馨、有艺高、有大爱。"多彩教师",是知识传播者,是方法引领者,是灵魂塑造者。"多彩教师",修炼课程,让自己成为课程高手;修炼课堂,让自己成为教学能手;修炼管理,让自己成为育德巧手;修炼研究,让自己成为科研推手;修炼师德,让自己成为爱心帮手。名师群起,托起了实小教育的璀璨星空。

掩卷而思,一所小学可以是什么样态?我似乎有了新的感悟,可以是一所辽阔的小学,可以是一所发展至上的小学,可以是一所奔向未来的小学。

"多彩"实小,就具备这种样态!

"赤橙黄绿青蓝紫,谁持彩练当空舞?"实小人在"舞",校长在领"舞","舞"出了教育之道,"舞"出了教育之境,"舞"出了教育之魂。

2020 年 8 月 2 日

◎ 前　言

　　2017年5月，福建省"十三五"中小学名校长培养工程在革命圣地古田启动，时任省教育厅厅长黄红武同志以"有德、有才、有貌、有胆、有实"的"五有"要求，勉励每一位培养人选要有自己的办学思想，实实在在干出一番事业，打造一支有影响力的福建名校长队伍。这既是一种期望和鼓励，更是一种反思和鞭策。作为名校长培养人选，我不得不去思考，学校一路走来，到底是靠什么在引领和支撑着，又应该以什么来指引学校走向未来。

　　福建省厦门实验小学是一所有着七十多年办学历史的学校，从四迁校址到护校斗争，中华人民共和国成立后由人民政府接管并被命名为厦门实验小学。多年来，教师们一路追求，一路探索，一路实践，逐步形成了"爱校爱生，精益求精"的精神。学校勇立潮头，以全面提高学生素质为己任，为着力培养适应未来社会的人才奠定基础。多年的探索改革既使得用多种方式、多元手段培养出彩学生成为学校的传统，也给群众留下了学校不断探索、不断出新的印象，同时不知不觉间也为学校植入了改革的基因。

　　本书既有我个人的思考，更是全体厦门实验小学教师的共同智慧。全书从办学思想理论体系和办学实践两个维度阐述了我校办学的情况，并有大量生动真实的案例。全书分为六章：第一章，多彩教育——现代教育，理念发展，主要阐述多彩教育办学思想提出的背景、理论和实践基础、理念体系等；第二章，多彩校园——欢乐，灵秀，迷人，主要围绕校园环境布置、校园文化建设进行探索；第三章，多彩德育——按需，开放，引领，主要结合新时代学校德育的要求，进行基于学生主体的多彩德育实践；第四章，多彩课程——丰富，选择，开放，根据多彩教育育人目标，开发具有特色的"六小"课程群，构建"凤凰花"课程体系；第五章，多彩课堂——饱满，愉悦，生长，聚焦学生发展,探索课堂教学主渠道的改革之路;第六章,多彩教师——德馨,艺高,大爱,根据"四有"好老师的要求,搭建教师发展平台,打造多彩教师团队。全书既有理论阐述,更有实践探索。

学校发展没有固定的路径,作为掌舵人的校长,其办学思想也各有不同。本书记录了我和我的同事们的一些体会和探索,仅以此供同行们借鉴参考。相信大家会有一样的信念:着眼学生未来,坚守核心理念,追求做得更好!

何宝群

2020 年 10 月

目　录
CONTENTS

第一章

多彩教育——现代教育,理念发展

第一节 "多彩教育"的提出

当今社会,随着互联网的快速发展,从以前的 2G 到已经到来的 5G,中国经济快速发展,高科技、新技术的出现,便利了人们的生活。因此,更多的人学习新技术,渐渐地,旧技术被慢慢替代,新技术逐渐变成主体。

不断快速更新的知识、技术给人们带来新的视觉、新的挑战,同时也给教育提出了新的要求:必须适应现代社会的发展,为未来社会培养好人才。基于此,笔者提出了"多彩教育"的办学思想,并开展了实践探索。

一、贯彻党的教育方针的需要

教育方针是一个国家或某个政党在一定历史阶段提出的有关教育工作的总的方向和总指针,是教育基本政策的总概括。它是确定教育事业发展方向,指导整个教育事业发展的战略原则和行动纲领。内容包括教育的性质、地位、目的和基本途径等。

不同的历史时期有不同的教育方针,相同的历史时期因需要强调某个方面,教育方针的表述也会有所不同。

20 世纪 50 年代,我国的教育方针全面反映了我国社会主义全面建设初期的基本路线和教育需求,奠定了教育方针和教育事业必须全面坚持以党和国家的中心任务为起点的建设原则,确立了我国教育事业要为社会主义建设服务、为无产阶级政治服务的方向,明确了教育要同生产劳动相结合的基本原则,提出了教育要使受教育者德智体全面发展、成为有社会主义觉悟的有文化的劳动者的根本任务。

这个时期的教育方针不仅继承了中国共产党在民主革命时期关于新民主主义文化教育总方针的优良传统,而且明确了"使受教育者德智体全面发展"的要求,与时俱进,具有鲜明的时代印记,为新中国社会主义的教育事业指明了前进的道路和发展的方向。

党的十一届六中全会上通过的《关于建国以来党的若干历史问题的决议》中指出:"坚持德智体全面发展、又红又专、知识分子与工人农民相结合、脑力劳动与体力劳动相结合的教育方针。"

这个时期的教育方针,标志着党的教育方针在"文革"后通过拨乱反正得以重新确立和发展,但"文革"的影响还没有完全消除。

1990 年颁发的《中共中央关于制定国民经济和社会发展十年规划和"八五"计划的建议》指出,我们要"继续贯彻教育必须为社会主义现代化服务,必须与生产劳动相结合,培养德、智、体全面发展的建设者和接班人的方针"。

1993 年颁发的《中国教育改革和发展纲要》指出:"教育体制改革要有利于坚持教育的社会主义方向,培养德智体全面发展的建设者和接班人。"

1995 年颁布的《中华人民共和国教育法》(以下简称《教育法》)指出:"教育必须为社会主义现代化建设服务,必须与生产劳动相结合,培养德、智、体等方面全面发展的社会主义事业的建设者和接班人。"

这个阶段的教育方针是对第一个教育方针在新的历史条件下的发展与完善,它们分别体现了两个不同历史时期社会主义国家政权的教育意志及其关于教育发展的总方向、总目标和总任务。在中华人民共和国的教育发展史上,它们所具有的地位和所发挥的作用是其他任何教育管理手段都无可比拟和替代的。

1999 年颁发的《中共中央　国务院关于深化教育改革,全面推进素质教育的决定》基于教育事业发展的历史经验,进一步提出了全面改革的要求:"实施素质教育,必须把德育、智育、体育、美育等有机地统一在教育活动的各个环节中。学校教育不仅要抓好智育,更要重视德育,还要加强体育、美育、劳动技术教育和社会实践,使诸方面教育相互渗透、协调发展,促进学生的全面发展和健康成长。"这里强调了素质教育的重要性,突出了劳动技术教育和社会实践的重要性,提出了各教育环节相互渗透的要求。

党的十九大报告提出，全面贯彻党的教育方针，要"落实立德树人根本任务，发展素质教育，推进教育公平，培养德智体美全面发展的社会主义建设者和接班人"。在2018年9月的全国教育大会上，习近平总书记强调："培养德智体美劳全面发展的社会主义建设者和接班人，加快推进教育现代化、建设教育强国、办好人民满意的教育。"

中国特色社会主义进入新时代，意味着近代以来备受列强欺凌，久经磨难的中华民族迎来了从站起来、富起来到强起来的重大飞跃，迎来了实现中华民族伟大复兴的光明前景。新时代新形势，改革开放和社会主义现代化建设、促进人的全面发展和社会全面进步对教育和学习提出了更高更新的要求。新时代党的教育方针对全面发展的人才素质要素的新表述，标志着党的教育方针经历了一个从"德智体"三要素到"德智体美"四要素再到"德智体美劳"五要素的发展历程。在"三要素"或"四要素"的表述中，都蕴含有"劳育"的内容和诉求，而且在有的文章或领导讲话中，也出现了"德智体美劳全面发展"的提法。

新时代党的教育方针，其根本任务就是要"培养德智体美劳全面发展的社会主义建设者和接班人"。这一全面发展的人才培养目标，适应了新时代的需要，对人才培养提出了新的更高要求，其实现需要有与其相适应的教育体系和培养体系作支撑保证。正确理解德育、智育、体育、美育和劳动技术教育相辅相成、相互促进的关系，要深刻认识德育、智育、体育、美育和劳动技术教育之间的交叉关系，在教育体系设计上注重寓各项素质培养于其他教育环节之中，实现德育、智育、体育、美育和劳动技术教育的综合性教育功能。

为培养德智体美劳全面发展的社会主义建设者和接班人，我们必须以立德树人为根本任务，以培养担当民族复兴大任的时代新人为己任。

2019年，《中共中央 国务院关于深化教育教学改革全面提高义务教育质量的意见》（以下简称《意见》）印发，《意见》强调要"坚持以习近平新时代中国特色社会主义思想为指导，全面贯彻党的教育方针，落实立德树人根本任务，遵循教育规律，强化教师队伍基础作用，围绕凝聚人心、完善人格、开发人力、培育人才、造福人民的工作目标，发展素质教育，培养德智体美劳全面发展的社会主义建设者和接班人"。《意见》要求"树立科学的教育质量观，深化改革，构建德智体美劳全面培养的教育体系，健全立德树人落实机制，着力在坚定理想信念、厚植爱国主义情怀、加强品德修养、增长知识见识、培养奋斗精神、增强综合素质上下功夫。坚持德育为先，教育引导学生爱党爱国爱人民爱社会主义；坚持全面发展，为学生终身发展奠基；坚持面向全体，办好每所学校、教好每名学生；坚持知行合一，让学生成为生活和学习的主人"。《意见》从现阶段教育发展的实际水平出发，以动态的眼光看待教育质量，既坚持面向全体、全面发展，又强调"教好每名学生"，兼顾了各方需求。

综上，尽管随着社会发展和政治变化，教育方针不断调整，但均将教育的性质、地位、目的、任务、内容及方法高度概括和凝练，正面回答了"培养什么人、怎样培养人、为谁培养人"的问题，体现了马克思主义关于人的全面发展的思想。

学校作为落实立德树人根本任务的最基层，必须跟上不断变化的教育形势，认真执行好党的教育方针，落实好《意见》的要求，切实完成好新时代赋予我们的教育任务。

二、未来发展的需要

（一）国际竞争日趋激烈

未来社会是个怎样的社会？究竟怎样的人才能适应未来的社会？

随着社会不断变化，时代所需要的人才也在随之发生变化，在迅猛的时代变化中，我们和孩子将一起面临一个完全不同的世界。许多行业将消失，很多人将失去现有的工作。随着时代的变化，我们的人际关系也受到了影响，全新的交往方式正在发生。不仅如此，我们接收的信息量也呈指数方式增长，新技术在不断革新，面对的社会挑战更加复杂。

第四次产业革命的到来，让人工智能愈发普及。社会发展风云变幻，未来时代难以预测。到底该选择何种职业与人生之路是摆在所有儿童面前的共同问题。也正是在这样的时代里，需要儿童积极面对变化，以人类特有的感性和悟性让社会与生活更加丰富多彩。

激烈的国际竞争，归根结底是人才的竞争。世界多极化、经济全球化、文化多样化、社会信息化深入发展，各国都在思考21世纪的学生应具备哪些能力才能成功适应未来社会这一前瞻性战略问题。

长达几十年的国际研究表明，在人的成长和发展过程中，基础教育不可替代，只有找到人发展的"核心素养体系"，找到对学生终身发展有益的DNA，才能在给学生打下坚实知识技能基础的同时，又为其未来发展预留足够的空间。

美国提出了 21 世纪必备综合能力框架,它指向了两个方面,一是核心学科与交叉主题的能力,二是品质、态度与动机的能力。

美国著名教育家、哈佛大学教育改革负责人托尼·瓦格纳在大量调研后提出,未来世界需要创新型人才,其必须具备七个关键能力:批判性思考与解决问题的能力、跨界合作与以身作则的领导力、灵活性与适应性、主动进取与开创精神、有效的口头与书面沟通能力、评估与分析信息的能力、好奇心与想象力。

美国的核心素养框架完整地融入国家中小学课程设计中。其核心素养主要包括"学习与创新技能"(创造力与创新、批判思维与问题解决、交流沟通与合作),"信息、媒体与技术技能"(信息素养、媒体素养、ICT 素养),"生活与职业技能"(灵活性与适应性、主动性与自我导向、社会与跨文化素养、效率与责任、领导与负责)三个方面。

欧洲提出的 21 世纪必备综合能力框架包括四大主要方面:自我实现、积极的公民意识、社会凝聚力、在知识社会中的就业能力。其导向为知识、技能和态度。

2005 年,欧盟正式发布《核心素养:欧洲参考框架》,向各成员国推荐八项核心素养作为推进终身学习和教育与培训改革的参照框架。八项核心素养包括使用母语交流的能力、使用外语交流的能力、数学素养与科技素养、数字化素养、学会学习、社会和公民素养、主动与创新意识、文化意识与表达,并且每一素养又从知识、技能与态度三个维度进行具体描述。

欧盟提出的核心素养所传达的课程理念,表现在由强调学科内基础知识和基本技能习得的分科课程,到强调学科间的互动、共同发展核心素养的课程结构的改变,以及新的整合型课程(或单元)的建立。

以法国义务教育阶段科学课程体系为例,法国在欧盟核心素养的基础上确立了本国的教育共同基础——七项核心素养,并在不同内容领域课程中加以落实。其中第三项素养"基本的数学、科学及技术文化知识"的实现,作为数学、物理、生物、化学以及技术教育等科目的共同任务,在课程结构设计中,以"不同科学内容向共同素养目标努力"为导向,强调各个学科要将"科学探究"作为研究方法和学科思想落实在教学之中,并将信息技术作为基本的科学探究工具。

新加坡提出的核心素养框架由内到外共包含三部分内容,即核心价值、社交与情绪管理能力以及新 21 世纪技能。核心价值处于框架图的中心,包括尊重、诚信、关爱、抗逆、和谐、负责,这是素养框架中的核心与决定性因素,决定了培养什么样的社交与情绪管理能力。社交与情绪管理能力包括自我意识、自我管理、负责任的决策、社会意识和人际关系管理。

芬兰国家教育委员会在结合国际组织观点与国情实际的基础上,提出新一轮基础教育课程改革要以培养学生未来社会所需的核心素养与能力为基本出发点和根本目标,并且认为未来人才需要具备以下七大方面核心素养与能力,即思考与学会学习、文化素养与互动表达、多元读写能力、信息通信技术能力、照顾自己与管理日常生活、职业能力与创业素养和参与构建可持续发展的未来。这些规定都是跨学科的,体现的是教育与教学过程中最为核心的部分。

从各个国家、各个层面关于核心素养的阐述来看,虽然概念很多,但其旨归都指向为了学生的全面发展。

从国际科技竞争情况来看,任何一个国家都要掌握核心技术,否则将受制于人,此种例子在国际上可以说是屡见不鲜。

就我国来说,当前,我们虽然已经是科技大国,但依然"大而不强";中国科技飞速发展,但依然"快而不优",一个重要原因就是我们还没能实现核心技术安全可控。比如近几年,先是中兴公司被一些国家禁止向其销售零部件或提供软件支持,仅仅两个月时间,中兴公司经济损失就超 30 亿美元。继"中兴事件"之后,中国存储芯片制造商福建晋华集成电路有限公司又遭禁售。而后,华为公司更是遭到技术出口限制,被相关国家禁售芯片或其他零部件,遭受针对该公司的出口管制新规等种种打压。

一个国家如果不掌握核心技术,产业体量做得再大也只能处于任人宰割的被动地位。核心技术受制于人现状不改,将会成为国际科技竞争中最大的"痛点"而任人触戳。唯有尽快寻找科技创新的突破口,早日实现核心技术安全可控,才是妥善应对国际科技竞争、抢占未来经济科技发展先机的唯一途径。

正如习近平总书记所说,"不能总是用别人的昨天来装扮自己的明天。不能总是指望依赖他人的科技成果来提高自己的科技水平,更不能做其他国家的技术附庸,永远跟在别人的后面亦步亦趋。我们没有别的选择,非走自主创新道路不可"。

面对日趋激烈的国际竞争,我国要深入实施人才强国战略,提升教育国际竞争力。科技的竞争,归根结底是人才的竞争。而人才的培养,归根结底又依赖于学校。因此,为国育才是我们当前学校的重要使命。

（二）适应中国社会的发展

当前国际形势变幻莫测，我国正面临前所未有的挑战和发展机遇。一方面，某些西方国家对我国的打压、遏制手段越来越多，企图在军事、经济等各个领域继续占得压倒性优势，使得我国面临的发展压力骤然增大；另一方面，世界各种力量粉墨登场，分化组合，全球正处于大变革、大调整之中，经济全球化的深入，信息技术的迅猛发展，又给了我们巨大的发展机遇。

作为教育人，我们将无法避免这样的思考：当今的和未来的中国社会，到底需要什么样的人才？作为学校，要关注学生的哪些方面？

从社会发展趋势看，中国未来社会需要的，是那种逻辑思维缜密，能够应对变化，提出独特想法的创造性人才。

对于学校来说，最关键的不是要教孩子多少知识，知识是教不完的，今天教的这些知识，未来可能会落后、会被淘汰，会有更多更新的知识出现，怎么可能一直坚持不懈地给孩子教下去呢？所以，培养孩子的探索精神、解决问题的能力和自主学习的技能才最关键。

那么，未来什么样的人才将更能适应时代呢？想要成为未来等待的人才，应该具备什么样的核心能力呢？

习近平总书记在十九大报告中指出："青年一代有理想、有本领、有担当，国家就有前途，民族就有希望。中国梦是历史的、现实的，也是未来的；是我们这一代的，更是青年一代的。中华民族伟大复兴的中国梦终将在一代代青年的接力奋斗中变为现实。"这既是习总书记对广大青年的谆谆嘱托，也是对青年一代的殷殷期望。

2014 年 3 月，教育部印发《关于全面深化课程改革落实立德树人根本任务的意见》，提出"核心素养"是深化课程改革、落实立德树人目标的基础。

2016 年 9 月 13 日，《中国学生发展核心素养》研究成果在北京发布。"中国学生发展核心素养"以培养"全面发展的人"为核心，分为文化基础、自主发展、社会参与三个方面，综合表现为人文底蕴、科学精神、学会学习、健康生活、责任担当、实践创新六大素养，具体细化为 18 个基本要点。

为此，我们必须转变培养人才观念。必须彻底改变那种唯分数论英雄，唯升学论长短的传统误区，真正把着力点放到培养人的素养发展上来。

结合社会需要与人本需要，一方面要着眼未来社会的发展，另一方面要适合人的成长规律。教育的价值除了为社会培养有用之才，更在于发展和解放人本身。

我们的教育应该根据每个学生的智能优势和智能弱势选择最适合学生个体的方法。其实,早在几千年前我国古代教育家孔子就提出了因材施教的观念。我们要继承这一珍贵的教育遗产,要关注学生差异,善待学生差异,在教学中,根据学生差异,运用多样化的教学模式,促进学生潜能的开发,最终促进每个学生都成为更优秀的自己。

我们要将教育的方向从培养精英转为培养合格公民,不要指望将所有人都培养成全才,而是应该根据学生的不同情况来确定每个学生最适合的发展道路。通俗来讲,不是让学生千军万马过独木桥,也不是简单地要求给学生多架几座桥,而是主张给每位学生都铺一座桥,让"各得其所"成为现实。这也就是我们所提倡的"让每个学生都来有所学,学有所得,得有所长"。人是手段,更是目的。我们教师教学不能再像以往那样仅仅为了完成课程标准的要求,应该更多地从关注学生、开发学生潜能、促进学生全面发展等方面去考虑问题。学生的学习不再单纯局限在学校、教室,教学资源也不再是只有教科书。要善于挖掘各种有用的资源,将之综合开发利用,努力培养学生的多种智能。

三、学校校本文化的孕育

厦门实验小学前身是 1944 年创办的第一侨民师范学校附属小学。1946 年 2 月迁回厦门,1949 年 11 月 12 日由厦门市人民政府接管,命名为厦门实验小学。1952 年,厦门市人民政府梁灵光市长亲自选址于厦门市同安里 5 号建新校舍。1978 年被命名为福建省厦门实验小学,成为福建省第一批 16 所重点小学之一,也是福建省第一批示范小学之一。

学校成立七十多年来,一贯秉承实验性、示范性的宗旨,在教育科研和教育教学改革的道路上不断探索和前行。

早在 20 世纪 50 年代末,学校就进行"学生、教材、实践三结合"的实验,并在校内开设劳动课,开辟小农场,有计划地组织高年级学生下厂、下乡接受劳动教育和锻炼。这个时候的实验适应当时的社会形势,注重与劳动相结合,加强学生的劳动教育,培养劳动技能。

1960 年,学校开始在低年级试设俄语课、英语课,进行口语教学实验。1961 年起又进行五年制六岁儿童入学试验和各科课堂教学改革。

这个时候我国正处于困难时期,学校不停留改革步伐,实属不易,既是基于学校教育前瞻性考虑，也是学校改革思维使然。

"文革"结束，厦门市教育局宣布复名福建省厦门实验小学，并由福建省教育厅审定确认为全省首批 16 所办好的重点小学之一。这阶段进行统编新教材教学方法的研究和实验、开放"第二课堂"实验，开设智能课实验及科教改实验，如语文科的低年级"自学识字"和"句式训练"教改尝试，"把拼音教学的重点放在拼读训练上"教学实验，自然科加强学生科学素质的培养，在指导学生设计自然课实验，指导学生开展课外科技活动，以及教师自制自然课教具等方面，都取得了一定经验。1984 年起，学校开始探索"全面发展打基础，深化改革育人才"的新路。把德育摆在首位，开展了"五旗五史教育""五尊塑像教育""学习郭跃华、林瑛、郑达真三位冠军校友""我是厦门特区小主人"等一系列教育针对性强、富有特区和学校特色的教育活动，我校教师以开拓精神、探索态度，在教改实践中做出不懈的努力：语文学科郭素真老师的听说训练、听读欣赏教学，林燕飞老师的拼音、看图说话教学，数学学科林华清、苏惠珍等老师的"应用题重组教材"和"激发兴趣，诱导差生"研究，英语学科苏荔虹老师主导的"低年级英语口语教学"研究，自然学科吴岳老师的"从小学起培养学生的科学素质"研究，美术学科庄树民老师的"儿童画创作指导"都富有成果。

这一阶段，属"文革"后全国拨乱反正阶段，全国各行业都欣欣向荣，重现斗志，教育也同样如此。我校在这一阶段以"全面发展打基础，深化改革育人才"为总目标，以开展"第二课堂"为抓手，开展了一系列旨在培养学生全面发展的教育改革，教师们的教改积极性全面调动起来了。

在整个 20 世纪 90 年代，学校由局部改革向全面改革迈进，提出"树优良的教师形象，创优异的办学成果，建优美的教学环境"办学目标，并制定出"五育和谐发展，素质全面提高"这一办学方针，开始积极探索"整体优化，科学育人"的新路子。学校改革了品德课教学，加强了独生子女教育工作的探索，进行了学生操行评语和品德表现评价制度的改革，创办了家长学校，完善了家长会和家校联系制度，特别是建立了十多个学生校外实践基地，坚持年年组织学生参加军训和夏令营、冬令营活动。这一时期各科教学改革深入开展，如：语文教学提倡"大语文观、大阅读量、大练笔量"和"重课内美读、重课外积累"等读写结合的新尝试，进行"自学为主，导读引路"的实验，进行"汉语拼音直呼音节"教学实验；数学科进行"以整体原理指导分数应用题教材重组，大面积提高教学质量"实验，进行"学生分层、分流教学"实验，以及课外指导奥数参赛；体育课进行课堂循环教学，加大课堂密度,加强运动队的课外训练实验;音乐课进行乐器进课堂及"低幼衔接"探讨;从三年级起开设电脑课的实验;等等。1992 年,在开展校运会、音乐周的基础上,建立起完整、有效的"校园三节"(体育节、艺术节、科技节)制度。我们还与当时的厦门市教科所合作,开展"策略教育"科研实验。该课题相继被厦门市教委和市教育规划办确定为"厦门市小学十大教育科研课题"和"市级重点课题"。围绕"学习策略"和"应付策略",设立了 11 个重点子课题,进行了深入的探索。1998 年 11 月,举行了"策略教育"科研实验第一阶段成果汇报会,得到北师大教育专家和省内外 500 多位同行的热烈赞赏。20 世纪 90 年代末,学校进行全国"综合实践·生活"课程试点实验,挖掘学校、社区、家庭的教育资源,拓展学生的学习空间,发展学生的个性特长。

可以说整个 20 世纪 90 年代,学校都处于整体改革与个体实验相结合的阶段,教师教育科研的积极性被充分调动起来了。这个阶段的改革主要还是以改革课堂教学、提高教学质量为主,后面又加强了学生学习策略的探究,并初步探索课程改革实验。

进入 21 世纪,全国基础教育课程改革全面铺开,学校率先进行德育课程改革,大胆地将思品、社会、劳动及其他科部分课时合并为"社会综合实践活动"课程。我们从一年级起启用北师大版的语数教材,全员参加课改通识培训,以高度的责任感加强学习、更新观念,努力改变师生关系、改革课堂教学方式,激发学生思维,开展创造性学习活动,课改取得显著成效。2001 年 4 月,面向省内外举行"策略教育"第二阶段科研汇报会,推出 9 节"学习策略"和"应付策略"观摩课。科研课题"基础教育课程改革中学生学习策略的研究"和"如何实现学生学习方式的多样化"被列入省级重点课题和市级重点课题。"基于网络环境下的教与学模式的实践与理论"课题被列入全国科研课题,学校被确定为教育部第二批"全国中小学现代教育技术实验学校"和全国"中小学英语动态真实原则研究与实验"实验校。2004 年 11 月底,参加厦门市"课改三年总结展示活动",并荣获"福建省基础教育课改先进集体"称号。

可以看出,厦门实验小学的发展一直与教育教学改革探索同步,学校已植入了改革创新基因,随着时代的进步、教育的发展,学校也必将不会停歇探索的步伐。

第二节 "多彩教育"的探索

面对日新月异的未来社会,教育该怎么走?针对这一问题,各个国家都在探索,基本共识是注重人的全面发展,着力培养核心素养。

一、国外教育探索

21世纪初,经济合作与发展组织(OECD)率先提出了"核心素养"结构模型。它要解决的问题是:21世纪培养的学生应该具备哪些最核心的知识、能力与情感态度,才能成功地融入未来社会,才能在满足个人自我实现需要的同时推动社会发展?

国际经合组织通过"素养的界定与遴选:理论和概念基础"项目,确定了三个维度九项素养。一是能互动地使用工具,包括三项素养:互动地使用语言、符号和文本;互动地使用知识和信息;互动地使用(新)技术。二是能在异质群体中进行互动,包括三项素养:了解所处的外部环境,预料自己的行动后果,能在复杂的大环境中确定自己的具体行动;形成并执行个人计划或生活规划;知道自己的权利和义务,能保护及维护权利、利益,也知道自己的局限与不足。三是能自律自主地行动,包括三项素养:与他人建立良好的关系;团队合作;管理与解决冲突。该框架对于PISA测试具有直接影响,进而对许多国家和地区开发的核心素养框架产生了重要影响。

核心素养模型逐渐渗透进各国教育改革的诸多领域,各个国家都试图建立符合本国国情的核心素养框架或指标体系,以指导教育实践。

芬兰始于20世纪70年代以平等的教育为理念的综合学校改革,有利于学生学业的衔接及教师对学生的综合培养。从社会层面上讲,综合学校消除了种族、地位、语言、家庭收入对学生教育水平带来的影响,打破了分流制带来的社会阶层的分化,真正实现了教育平等的理想和目标。芬兰教育部于2016年8月实施新的《国家课程框架》(NCF),明确提出"现象教学"这一核心新概念,从2016年起,面向7~16岁学生的所有学校必须在课程大纲中留出一段时间用于跨学科的现象教学,具体时间长短由学校自行决定。通过学科整合和跨学科方式来教学和学习这一芬兰教育史上最具革命性的改革，真正做到了有教无类、因材施教、终身学习、人人成才。可以说，芬兰十分强调不同学科间的交叉和互动，鼓励突破课程间的学科界限，倡导开展跨学科学习。

在20世纪90年代后期，美国改革的基点是在工作场所的需要和条件下重新设计学校教育。这次运动的教育目标包括学生从学校到工作场所顺利过渡，信息技术的培训以及强调批判性思维、解决问题能力、决策能力、团体合作的课程设置，以及雇主认为今日、未来雇员应有的技能等方面。家长、社区与企业对教育的参与日益直接和广泛。对于所有学生来说，掌握阅读、写作和计算等基本技能已经远远不够，学会学习、创造性思维、个性化思考、自我管理、目标制订、就业、人际关系协调、团体合作等技能愈显重要。这些技能反映了美国社会工作需要的转变和学生职业发展的要求。学校需要改变课程结构以反映工作中的科技变化，课程和教学实践需要强调交流形式的多样化，不管是语言上还是非语言上的。

法国在2018年起出台多种举措，推进国内教育改革。巴黎市政府与法国教育部合作旨在让学生从小接受多媒体教育。在初中建立名为"巴黎电子课堂"（PCN）的电子学习空间，可使初中的学生、教师、学生家长掌握学校生活、教学资源、最新动态、联系方式等信息。2018年9月，巴黎TU-MO成立。这是一所使12～18岁学生熟悉全世界电子创作工具并进行电子创作的新型学校。学生在放学后可以来这里接受寓教于乐的培训，可学习八个不同领域的技术：电影、动画、电子游戏、3D建模、制图、素描、编程和音乐。2018—2019学年，专业人员将为参加培训的学生提供每周2小时的个性化辅导。假期，学生们还可以参加由世界知名专家组织的活动。这只是法国近期教育改革的措施之一，从中不难看出法国教育界紧跟时代潮流的先进教育理念。

从2020年起，日本将着力培养学生的"升级版"生存能力，即在原有的扎实学力、丰富人性和健康体魄基础上，进一步培养学生的社会自立与职业自立能力，通过对话与讨论来解决问题的协同力与包容力，身处变化激荡时代里依然能够运用人类独有的悟性来思考并解决新问题的创造力，以及明辨信息能力、立足日本文化和传统的丰富涵养等。确定了基础教育阶段的课程理念——向社会开放的教育课程，即在课堂教学中广泛纳入社会与世界相关课题，教会学生接轨社会、面向世界。具体开展教育课程时，活用当地的人力、物力资源，协作放学后、周六课堂等社会教育。小学课堂还将在现有学习活动中融入"主体型、对话型、深度学习"的视角。2020年编程教育将被正式纳入小学的必修课程。编程教育不仅是为了学习知识，同时也是为了让学生学习逻辑性思维，提高解决问题的能力。其中，最受关注的是STEM教育，即科学（science）、技术（technology）、工程（engineering）、数学（mathematics）四门学科的融合教育，重点在于加强学生在科学技术方面的竞争能力，以应对未来的智能社会。

新加坡政府的核心素养框架将价值观和态度摆在凸显的位置，在对比了21世纪与20世纪所需劳动力的特点之后，新加坡政府在2010年提出了建设"思考型学校和学习型国家"的愿景，并提出四个理想的教育成果，即培养充满自信的人、能主动学习的人、积极奉献的人及心系祖国的公民。新加坡政府设置的21世纪技能包括三项：一是交流、合作与信息技能，二是公民素养、全球意识和跨文化交流技能，三是批判性、创新性思维。新加坡政府希望学校所有的教学都能够通过这样三部分的核心素养环环相扣，最终达到实现新加坡政府提出的四个理想的教育成果的目的。所有新加坡中小学都需要提倡健康的生活方式，促进孩子们全面发展。

综上，各国为了在未来世界占有自己的一席之地，在人才培养上不断探索，出台了相应的改革举措。从国际出台的相关教育改革政策和举措来看，都提倡学生的全面发展，旨在通过课程体系的建设和评价方式的改革来促进学生核心素养的提升，从而实现人才培养战略。

二、国内教育探索

（一）教育理论探索

教育理论研究者认为，核心素养是儿童成长之根，思考"为核心素养而教"是回到原点，思考什么是教育，什么是教育最该做的事，我国的教育工作者认为"核心素养"正在成为新一轮课程改革深化和课堂教学转型的方向，核心素养的提出是真正地思考为什么而教，怎么教，是课程改革再出发（深化课程改革）的理论和实践起点！

2016年9月13日，《中国学生发展核心素养》研究成果在北京发布。该成果是教育部委托北京师范大学，联合国内高校近百位专家成立课题组，历时三年完成的，事关今后的课标修订、课程建设、学生评价等诸多方面。"中国学生发展核心素养"以培养"全面发展的人"为核心，分为文化基础、自主发展、社会参与三个方面。

1.文化基础

文化是人存在的根和魂。文化基础重在强调能习得人文、科学等各领域的知识和技能,掌握和运用人类优秀智慧成果,涵养内在精神,追求真善美的统一,发展成为有宽厚文化基础、有更高精神追求的人。人文底蕴主要是学生在学习、理解、运用人文领域知识和技能等方面所形成的基本能力、情感态度和价值取向。具体包括人文积淀、人文情怀和审美情趣等基本要点。科学精神主要是学生在学习、理解、运用科学知识和技能等方面所形成的价值标准、思维方式和行为表现。具体包括理性思维、批判质疑、勇于探究等基本要点。

2.自主发展

自主性是人作为主体的根本属性。自主发展重在强调能有效管理自己的学习和生活,认识和发现自我价值,发掘自身潜力,有效应对复杂多变的环境,成就出彩人生,发展成为有明确人生方向、有生活品质的人。学会学习主要是学生在学习意识形成、学习方式方法选择、学习进程评估调控等方面的综合表现。具体包括乐学善学、勤于反思、信息意识等基本要点。健康生活主要是学生在认识自我、发展身心、规划人生等方面的综合表现。具体包括珍爱生命、健全人格、自我管理等基本要点。

3.社会参与

社会性是人的本质属性。社会参与重在强调能处理好自我与社会的关系,养成现代公民所必须遵守和履行的道德准则和行为规范,增强社会责任感,提升创新精神和实践能力,促进个人价值实现,推动社会发展进步,发展成为有理想信念、敢于担当的人。责任担当主要是学生在处理与社会、国家、国际等关系方面所形成的情感态度、价值取向和行为方式。具体包括社会责任、国家认同、国际理解等基本要点。实践创新主要是学生在日常活动、问题解决、适应挑战等方面所形成的实践能力、创新意识和行为表现。具体包括劳动意识、问题解决、技术应用等基本要点。

(二)教育实践探索

此前,国内的一些学校已经围绕提升核心素养,"培养全面发展的人"为中心开展了"多彩教育"探索。

太原大学外语师范学院第三附属小学围绕"享多彩教育,绘美丽人生"的办学理念,构建了完整的"多彩教育"体系,具体表现在:以素质的多元发展为内容,以学生的发展为本,追求全体学生的全面发展;着眼于学生素质的多样性统一,追求每一个学生的和谐发展;尊重学生差异,关注学生优势潜能的充分发展。该体系确立了"培养善思守礼,自主快乐,面向未来的多彩学生"的目标,描绘了理想学生的素质结构,营造蓝色校园环境,打造挺拔苗壮的赭色教师团队,创造刚柔并济的紫色管理特色,开发红色德育、绿色课堂、蓝色环境的三原色课程,同时立足学校实际,将"多彩教育"的理念融入学校发展的规划之中。

天津市西青区实验小学在"多彩教育奠基精彩人生"的办学理念引领下,努力让每个孩子都拥有精彩的童年时光,让每位教师都实现精彩的人生梦想,逐渐形成了"干部效能型、教师专家型、课程多样型、学生多彩型"的独特魅力校园特质,将课程设置纳入课程文化中,让每个孩子拥有丰富多彩的童年时光,满足每个学生个性发展的需要,让学生都能获得最适合自己的最大发展。特别是承袭古镇独特地域文化,学校以杨柳青年画为载体,开发了养成教育校本课程、国学经典校本课程和阅读类校本课程,不仅为学生搭建了展示艺术特长和传承经典中华文化的舞台,更使艺术教育与其他学科教育一起走出校园,走向社会。

青岛市莱西水集街道办事处中心小学根据学校"为学生未来发展做准备"的办学理念和"多彩教育"办学特色,以多元智能理论和建构主义理论为支撑,将视野从"学科本位"向"儿童本位"回归。科学地把握"面向全体"与"关注个体"的关系,进行课程设计与实施,以尊重差异、鼓励特色、释放个性。开设了多彩的学校课程,采取了多元的教学过程,建立了灵动的评价方式,努力为每个学生提供适合的教育,引导学生做最好的自己。

北京市朝阳区第二实验小学以"多彩童年"为办学理念,通过营造多彩的教育环境、确立多彩的学校管理、建设多彩的课程体系、开展多彩的学生社团、形成多彩的教育品牌等方面构建了"办孩子们喜欢的学校"的理念体系和"让孩子享受多彩童年"的实践体系。着眼学生的全面发展和个性成长,建构形成了学校的特色课程——"五馆课程"(图书馆课程、科技馆课程、艺术馆课程、体育馆课程、博物馆课程)。通过"五馆课程"搭建起从校内到校外的桥梁,达成知识学习到知行统一的融合。

郑州市二七区则以区域整体改革的方式,在"多彩教育"发展理念的统领下,多元共生、和而不同、优质特色、高位均衡,努力打造"现代化教育体育强区、名区"。"为每位受教育者提供适合的教育、使每位教育参与者做最好的自己。"每个学生都能找到自己成长的一方沃土,一校一特色,每所学校都有拿得出手的"品牌",每所学校都在精心培养中绽放出自己的特色。

各地对多彩教育进行了不同的探索,有的从理念角度出发,有的从课程建设入手,还有的以学校特色建设为抓手⋯⋯不一而足,各有侧重,探索的深浅不一,也各自取得了一些值得借鉴的经验。

三、我校的教育实践

厦门实验小学自1944年成立以来一直秉持实验性、示范性的宗旨,着力打造一支师德高尚、师能高强的教师队伍。强化"终身学习"理念,在"爱校爱生,精益求精"的实小教师精神的引领下,教师队伍整体素质提升很快,爱岗敬业、无私奉献的精神已然形成。

学校注重学生的全面发展,努力做到负担轻、质量高,学生受到高一级学校的好评,是当地备受社会和家长好评的优质学校。

学校牵头成立了厦门市教育局直属校联盟,一起开展教学研究。2006年牵手集美区灌口中心小学,该校更名为"福建省厦门实验小学集美分校";2007年与新疆阜康市第三小学结对帮扶,该校更名为"阜康市厦门实验小学";2009年与河南省实验小学合作开展学生研学探索;2017年与福建省三明实验小学建立山海协作关系;2018年与厦门市翔安区教育局建立合作关系;2019年与新疆昌吉州实验小学建立手拉手友好学校,同年,与甘肃临夏州广河县城关第二小学、东乡县科妥学校签订结对帮扶协议。2018年响应厦门市委市政府跨岛发展战略,在翔安区兴建翔安校区。

厦门实验小学不但与大陆许多名校保持着密切的联系,而且与台北市中正小学、台中市光复小学、台南师范大学附属小学建立了友好学校的关系,并与新加坡共和国南洋小学、励众小学,澳大利亚标准中文学校,英国伦敦沃伦路小学等众多海外名校建立了友好学校的关系。每年的暑假或寒假,学校都会组织研学团赴新加坡、澳大利亚、英国开展研学交流。

传承着教育教学改革与探索的基因,学校一直没有停下改革探索的脚步,近二十年来主要开展了以下几个方面的探索。

(一)开展扩大教育资源的探索

为了避免学生关起门来学习,造成学生发展与社会脱节现象,我校开展"假日小队"活动,每班学生自愿组合成若干个小组,每个月由家长组织一次小组集体活动，加强学生间的交流，丰富学习的渠道，拓宽学生的视野。借鉴台湾地区相关学校的做法，开展"故事爸爸妈妈进课堂"，尝试利用家长资源，把校外教育资源引进校园，弥补学校教育的不足。

（二）开展旨在培养学生综合能力的探索

2006 年，学校举办首届校园"读书节"。此后，学校每年开展"四节（艺术节、科技节、体育节、读书节）一会（田径运动会）"活动，着力培养学生的综合素质。2013 年，首次将体育作业列入学生每天必须完成的家庭作业，进一步提高了师生、家长对体育锻炼的重视程度。2015 年，学校首次举办"校园吉尼斯挑战赛"，挑战项目包括体育类、艺术类、语言类、逻辑类、生活类等。2016 年，数学节、英语节的开展使原来的"四节一会"扩展成了"六节一会"。

（三）开展课程建设方面的探索

2012—2013 年，福建省基础教育课程教学研究课题"基于核心素养发展的小学数学课堂教学新模式的实践研究"、福建省教育科学"十二五"规划课题"家校学习共同体建构——培养合格小公民研究的新视角"先后举行了开题报告会。我校还承办了"基于云平台的智慧课堂"市级教学研讨活动，该活动取得良好反响，活动报道《漫步"云"端，探寻智慧课堂》在省市教育网站上转载。2013 年 12 月，厦门市重点课题"基于全人理念的多元立体式课程的构建"开题，我们在基础性课程、拓展性课程、实践性课程三大领域取得显著成效，该课题于 2015 年结题。2016 年 6 月，学校负责的全国教育科学"十二五"规划课题"基于学生核心素养的学校课程建设研究"开题论证。2018 年，我校的项目式课程全面开展，取得良好效果，并逐步建立了学校课程体系。同年，我校加入了 PDC 国际联盟，多彩课程建设进一步得到认可。《中国教育报》对我校课程建设情况进行了专门报道。2019 年 11 月，课题顺利结题并构建了学校基于学生核心素养的课程体系。

（四）开展教师培养方面的探索

2006 年 11 月，我校举行"二级导师制师徒工作小组"启动仪式，这是一个由以特级教师、名师为主的一级导师，一个骨干教师为主的二级导师，以年轻教师为主的初级教师组成的成长工作小组。"二级导师制"成为我校教师队伍校本研训的主要组织形式，一大批教师在这个机制下成长。2010

年11月,主办"李静老师教育实践专场汇报会",这是学校首次为教师举办教育教学专场汇报,鼓励更多的优秀教师脱颖而出。2019年,刘胜峰、汤吟莹、钟振裕三个市级名师工作室在我校挂牌。

(五)开展基于信息技术方面的探索

2014年,我校被中央电教馆确定为全国"首批百所数字校园示范校建设项目学校",数字校园建设上了新台阶,各项软硬件逐步到位,学校组织一些老师开展数字课堂"先行者"探索活动。承办市级基于"教育信息化"的"智慧课堂"教学研讨活动。2016年4月,在四年级语文、数学、英语学科期中考试采用平板电脑进行考试,借助云平台进行数据统计。5月17日,厦门市基础教育信息化工作会议暨厦门市信息协会基础教育分会年会召开,学校在会上做经验介绍。2017年3月17日,我校承办全国"VR/AR+教育"信息技术推动学校教学变革论坛活动,邀请国内专家做了讲座,来自省内外的同行观摩了活动。同年7月,我校举行省教育科学"十二五"规划课题"家校学习共同体建构——培养合格小公民研究的新视角"结题汇报展示活动。

(六)关于评价改革的探索

2016年,四年级期中考试进行无纸化考试,用云平台统计数据;2017年开始,一年级上学期期末考试实行游园闯关代替传统的书面考试,《厦门日报》以《期末考试不动笔,撸起袖子玩游戏》为题进行了报道,同年我们将学生"六节一会"的表现纳入对学生的评价之中。

可以看出,我校的探索适应了教育发展的形势,紧跟教育改革的趋势,也取得了不少的成果。虽然是局部的、部分的探索,但在探索过程中已不断孕育出多彩教育的点滴火花,并逐步形成燎原之势,可以说,多彩教育办学思想呼之欲出。

第三节　"多彩教育"的内涵及理念体系

一进厦门实验小学校门，便望见一片红灿灿的凤凰树。仰望绚烂的凤凰树，绚丽多姿，亮丽动人，朵朵花儿点缀在绿叶丛中，相互映衬。花朵一团团、一簇簇，如夜晚的焰火清澈明艳，悠然弥漫；又如晶莹明亮的翡翠，斑驳陆离，偶尔一只蝴蝶在中间来回翩跹，轻歌曼舞，勾勒出一个灵动、婀娜、多彩的世界……在这里，孕育着多彩的希望，催生出多彩的梦想。

一、"多彩教育"的内涵

"多彩教育"的"多"，是指全面、多元，人的能力培养是多向的、综合发展的，培养手段是多样的，这里指向的是全体、全方位和个性化；"彩"，是指出彩、精彩，所培养的人是优秀的、出色的，这里指向的是优质、特色和平等。"多彩"意味着手段之多、内容之广、受益之大、收获之丰。

"多彩教育"是以多元之手段培养出彩之儿童的教育，是学校推进素质教育、落实特色办学的方法论。

"多彩教育"是开放的教育。"多彩教育"是基于"三个面向"（面向现代化、面向世界、面向未来）的理念，以全球化、国际化的视野，不断拓宽交流合作渠道的教育，是以未来发展的需要，不断发展学生核心素养的教育。在教育实践中，引导教师树立大教育、大课堂的观念，鼓励和帮助教师深入挖掘学科及校内外课程资源，充分利用校内外图书馆、博物馆、科技馆等条件性资源，融入丰富的地方文化资源，建立开放的区域资源交流与共享机制，发挥课程资源的最大效能，打造既具地方特色，又有国际视野的大教育。

"多彩教育"是多元的教育。"多彩教育"是多空间、多维度的。它从多元智能理论角度致力于通过学校教育教学理念、模式、制度的革新，积极倡导教学资源的多维度、教学方式的多样性、评价方式的多元化。它期待真正达到"了解每一个、关注每一个、激励每一个、成就每一个"的教育境界，使每一个生命个体实现自身全面、多元、个性发展。

"多彩教育"是特色的教育。"多彩教育"在彰显学校传统特色的同时倡导教育的各元素、各主体结合自身实际，扬长避短、取长补短、原生原创。在学习借鉴的同时，充分结合实际，为自己量身定制一套适合自己的发展方案，具有自己的特色，富有生命力。不同特点的孩子在学校都有成长的机会，都有绽放的舞台，学校成为一个千姿百态、姹紫嫣红的百花园，让每一个身在其中的孩子摘得他最喜欢、最需要的花朵。

"多彩教育"是优质的教育。"多彩教育"为学生的幸福人生奠基，为社会培养好的公民，倡导学校资源与社会资源得到综合配置与合理运用，学校生活中充满了对所有学生的深切关注，学生以最愉悦的姿态去生长，促进学生自主发展、和谐发展、有个性的发展和可持续发展，使学生形成阳光般的心态和健康人格。

"多彩教育"是公平的教育。"多彩教育"倡导每一个人都能受到适当的教育，而且这种教育的进度和方法是适合每个人的特点的，这也就意味着教育公平是使学生最大限度地获取知识，并突出学生作为个体所具有的个性。既在某些方面忽略人与人之间的差异，用统一的教育公平原则指导实际的教育活动，又认为不同个体在认知活动和方式上具有差异，必须实行因材施教。

"多彩教育"下的校园，环境优雅，学习氛围浓厚，师生关系和谐。孩子是主人，学校是让生命出彩的地方，让每一个孩子的各种能力优势都得到最大化的彰显，以最好最优的机制保障，尽量为孩子提供充分的成长支持。在管理上，科学与人文并重，既有职责分明、规范管理，也有公平民主、主动作为，更有关怀关爱、互相帮助。"人人出彩，个个精彩"，人人不同，个个很好。学校有包容多元化的情怀，有尊重多样化的意识，每个人的个性都得到尊重，每个人都有机会发展自己的特长，每个人都充满希望和活力，每个人都能体验成功，享受快乐。

"多彩教育"下的教师，初心如磐，使命在身。谨遵"严、实、精、活"的工作作风，具体为：

严：严以律己，做出表率；
　　严格要求，严而有度；
　　严中有爱，严中有趣。
实：教以务实，夯实根基；
　　实事求是，脚踏实地；

　　　　真实践行,实至名归。

　　精:精到地解读教材;

　　　　精当地把握目标;

　　　　精妙的课堂设计;

　　　　精练的设计练习;

　　　　精准的诊断教学。

　　活:学习,活学以用;

　　　　课堂,活而有序;

　　　　课程,源头活水;

　　　　关系,"活""实"相济。

　　"多彩教育"下的学生,具备"文明自信、健康活泼、阳光朝气、勤奋创新、博学多才"的品质。具体为:

　　文明自信:举止文雅,追求美好,对自己充满自信,对生活充满向往。

　　健康活泼:体质健康,个性活泼,养成锻炼习惯,学会情绪管理。

　　阳光朝气:乐观开朗,积极向上,尊敬师长,友善乐群,以积极的状态面对未来。

　　勤奋创新:勤于思考,勇于创新,能够直面问题,迎难而上,具有敢为人先的精神。

　　博学多才:兴趣广泛,基础扎实,具有良好的学习习惯,会科学地辨析、收集、提取各种信息。

二、"多彩教育"的理论依据

　　多年来,学校教育一直没有改变统一要求、统一标准、学生"齐步走"的"一刀切"教育方式,没有针对学生普遍存在的发展不全面、不平衡、无个性的问题设计教学。"多彩教育"思想的提出,就是以丰富的教育内容、多样的教育方式、多元的评价方式,对学生进行全方位、多层次的立体教育,让学生快乐发展、健康成长、富有个性。

(一)马克思关于人的全面发展的思想

促进和实现人的全面发展,是马克思主义关于建设社会主义新社会的本质要求,也是社会主义全面发展和进步的一个基本特征。实现人的自由全面发展,是为了区别于其他一切社会的显著特征和根本标志,是人类社会发展的最高目标,是文明进步的一个重要尺度。实现了人的自由全面发展,也就是实现了人的彻底解放。

马克思、恩格斯在《德意志意识形态》一书中谈及"人的自由而全面发展"时认为,当人类社会发展到原始社会末期,出现了物质劳动和精神劳动的分工,"分工只是从物质劳动和精神劳动分离的时候起才真正成为分工"。分工"使物质活动和精神活动、享受和劳动、生产和消费由各种不同的人来分担这种情况不仅成为可能,而且成为现实"。这是人类社会生产力的一大进步,人类在物质与精神及社会交往与社会关系的方面第一次获得了全面发展。但在《德意志意识形态》中,马克思也通过对社会分工在生产力与交往形式之间中介作用的分析,阐明了在资本主义生产关系下现实的人是片面发展的人。

当消灭分工后,"我们在前面已经指出,要消灭关系对个人的独立化、个性对偶然性的屈从、个人的私人关系对共同的阶级关系的屈从等等,归根到底都要取决于分工的消灭。我们也曾指出,只有交往和生产力已经发展到这样普遍的程度,以致私有制和分工变成了它们的桎梏的时候,分工才会消灭。我们还曾指出,私有制只有在个人得到全面发展的条件下才能消灭,因为现存的交往形式和生产力是全面的,所以只有全面发展的个人才可能占有它们,即才可能使它们变成自己的自由的生活活动"。分工的消灭成为人的自由而全面发展的一个具体的实现条件。

实现了人的全面发展,也就是实现了人类的彻底解放。"我们坚信马克思主义关于人类社会必然走向共产主义这一基本原理。共产主义只有在社会主义社会充分发展和高度发达的基础上才能实现。共产主义社会,将是物质财富极大丰富,人民精神境界极大提高,每个人自由而全面发展的社会。"

在建设和发展中国特色社会主义过程中,努力促进人的全面发展,就是坚持马克思主义关于社会主义向共产主义发展方向前进本质要求的直接体现。

(二)陶行知的教育民主化思想

"有教无类"是古代教育家孔子针对西周奴隶主官学的有教有类提出的,他主张对一切人实行教育,没有种类没有区别。陶行知的教育民主化思想是对孔子"有教无类""来者不拒"民主教学思想的继承和发展。陶行知的平民教育、乡村教育、生活教育等理论无不体现出孔子这一思想,渗透着传统文化中"仁者爱人"的精神。以人民为教育的主体,反映了陶行知思想中的"民主"主义成分。在他的论著中随处可见"民为贵""天下为公"的提法,沿袭了传统文化"天下为公""民为贵"的思想,不同之处在于"生活教育是要解放人类的",而传统的"民本"教育思想是维护封建专制统治的。

陶行知虽然赴美师承杜威,但他并不盲从杜威的经验论。他的教育民主化思想在赴美留学之前便已形成,并非受杜威的影响后才具有教育民主化思想。陶行知的"社会即学校"与杜威的"学校即社会"有本质的区别,"社会即学校"要求拆去学校的围墙,沟通学校与全社会的生活的联系,解放学生的个性,如同"把笼中的小鸟放到天空中去使他们能任意翱翔"。

陶行知的教育民主化思想主要包含两方面的内容:一是教育机会均等,这是教育民主化的核心。二是对教育平等的参与权利。他认为,普及教育的目标是教一切穷人都得到教育,得到丰富的教育,得到民主的教育。为了更好地实现教育民主化,陶行知在教学上和教育管理上也力主实现民主化,主张给学生更大的空间。

(三)多元智能理论

加德纳认为,智力不是一种能力而是一组能力,智力不是以整合的方式存在而是以相互独立的方式存在的。多元智能中的八种智能内涵是:言语语言智能,指人对语言的掌握和灵活运用的能力;数理逻辑智能,指人对逻辑结果关系的理解推理和思维表达能力;视觉空间智能,指人对色彩、形状、空间位置的正确感受和表达能力,突出特征为对视觉世界有准确的感知,产生思维图像,有三维空间的思维能力,能辨别感知空间物体之间的联系;音乐韵律智能,指人感受、辨别、记忆、表达音乐的能力;身体运动智能,指人的身体的协调、平衡能力和运动的力量、速度、灵活性等;人际沟通智能,指对他人的表情、说话、手势动作的敏感程度及对此做出有效反应的能力;自我认识智能,指个体认识、洞察和反省自身的能力;自然观察智能,指观察自然的各种形态,对物体进行辨认和分类,能够洞察自然或人造系统的能力。

加德纳认为,实践证明,每一种智能在人类认识和改造世界的过程中都发挥着巨大的作用,具有同等的重要性。多元不是一种固定的数字概念,而是开放性的概念。个体到底有多少种智力是可以商榷和改变的。他所提出的八种智力的观点,在某种程度上还只是一个理论框架或构想,随着心理学、生理学等相关学科的进一步发展,多元智能的种类将得到发展。

倡导弹性的、多因素组合的智力观。多元智能中的各种智力不是以整合的方式存在,而是相对独立的,各自有着不同的发展规律并使用不同的符号系统。因为每个人的智力都有独特的表现方式,每一种智力又有多种表现方式,所以我们很难找到一个适用于任何人的统一的评价标准,来评价一个人的聪明与否、成功与否。在正常条件下,只要有适当的外界刺激和个体本身的努力,每一个个体都能发展和加强自己的任何一种智力。影响人的智力发展有三种因素,即先天资质、个人成长经历和个人生存的历史文化背景。这三种因素是相互影响、相互作用的。虽然人的先天资质对智力的类型起决定作用,但智力发展水平的高低更取决于个体后天的历史文化教育活动。

提倡全面的、多样化的人才观,社会的发展需要多样化、层次化和结构化的人才群体。每个学生都有一种或数种优势智能,只要教育得法,每个学生都能成为某方面的人才,都有可能获得某方面的专长。

倡导积极的、平等的学生观,每个学生都或多或少具有八种智力,只是其组合的方式和发挥的程度不同,每个学生都有自己的优势智力领域,人人都拥有一片希望的蓝天,每个学生都具有自己的智力特点、学习风格类型和发展特点,学生的问题不是聪明与否,而是究竟在哪些方面聪明和怎样聪明。

倡导个性化的因材施教的教学观,每个学生都具有在某一方面或几方面的发展潜力,只要为他们提供了合适的教育和训练,每个学生的相应智能水平都能得到发展。因此,教育应该为学生创设多种多样的,有利于发现、展现和促进各种智能的情景,为学生的学习提供多样化的选择,使学生能扬长避短,激发潜在的智能,充分发展个性。在注重全面发展学生的各种智能的基础上,更加注重个性的发展,将"全面发展"与"个性发展"有机地统合起来,教学就是要尽可能创设适应学生优势智力发展的条件,使每个学生都能成才。

倡导多种多样的、以评价促发展的评价观，主张通过多种渠道、采取多种形式、在多种不同的实际生活和学习情景下，切实考查学生解决实际问题的能力和创造出初步产品（精神的、物质的）的能力，超越了传统的以标准的智力测验和学生学科成绩考核为重点的评价取向。这种评价观坚持三大评价标准——必须是智能展示、必须具有发展眼光、必须和学生建议的活动相关联；主张评价是手段而不是目的，从单一的纸笔测验走向多种多样的作品评价，从重视结果评价走向基于情景化（专题作业作品集）的过程评价；推崇的是一种更自然、对情景更敏感、生态学上更可行的评估方式，评估是双方参与的一项活动。

三、"多彩教育"的理念体系

（一）"多彩教育"之信条

"多彩教育"是心教育，直抵儿童心灵。是心灵的对话，可直抵儿童心灵的最深处，而不是咄咄逼人的教育，不是训导式教育，更大程度上保留了儿童的"童真"，关切了儿童的心灵，传递了爱的气息，让他们拥有童年的无忧无虑，这是他们创造性、自主性发芽的种子，是他们博爱意识的萌芽，能让他们学会更多的爱心、分享、秩序、谦让和规则意识。

"多彩教育"是暖教育，温暖整个人生。不是冷冰冰、硬邦邦的教育，而更多的是对坚毅的赞赏，对"弱小"的关爱，对"异见"的鼓励，对"对抗"的宽容，让儿童的天空阳光明媚，豁然开朗。

"多彩教育"是广教育，博雅胸怀与视野。是海纳百川、宽容接纳的教育，是站位高远、立足未来的教育，目的是使儿童的胸怀越来越宽广，大大方方做人，坦坦荡荡做事，不拘泥于眼前，而着眼于长远。按德智体美劳全面发展的要求，多彩教育给孩子们创造了广阔的发展空间，提供了众多的发展平台。

"多彩教育"是众教育，多元主体参与。秉持在校园里的每一个人都是最重要的，每一个人都是主人，学校的所有活动都是面向全体学生的观念。摒弃单向灌输式教育，更注重倾听儿童的主动参与要求，切合儿童的成长需要，充分体现儿童学习的主体地位，培养学生的自主参与和主动发展意识，增强学生自我教育的能力。

　　"多彩教育"是魅教育,张扬学生个性。每个人都有自己独特的个性。张扬个性才能演绎出不同的人生;张扬个性才能得到无尽的快乐;张扬个性才能获得巨大的成功。教育不是"一刀切"、齐步走,统一要求,不加区别。而是尊重差异,因材施教,实现儿童个体充分发展,最大限度地培养其良好的个性品质。

　　基于此,"多彩教育"提出如下教育信条:

　　我们坚信,童年是多彩的记忆;

　　我们坚信,每一个孩子都是出彩的种子;

　　我们坚信,有一个童心飞扬的地方叫学校;

　　我们坚信,人人出彩、个个精彩是教育最美的诗篇;

　　我们坚信,唤醒内心深处久违的童心是教师的高贵品质;

　　我们坚信,让美好童年绚丽多彩是学校教育最舒展的姿态。

(二)理念系统

　　每一个孩子都是一颗多彩的种子,学校是让生命出彩的地方,这是我们确立的"多彩教育"的理念系统。

1.核心价值观

　　多彩即出彩——多种的学习资源,多样的教学方式,丰富的教学活动,多元的评价方式,使得学生不断展现自己最好的一面。

2.办学理念

　　人人出彩,个个精彩——在"多彩教育"下的师生人人都享受公平而有质量的教育,人人都有机会获得最好的发展,人人都有机会展示自己的才干。

3.办学宗旨

　　让每一个孩子拥有绚烂多彩的童年——"多彩教育"根据儿童心智发展的自然顺序和学生自身的差异性来实施与之相适应的最优质的教育。注重儿童的学习兴趣,引导儿童自己进行探讨和推论,从而获得良好的成长。

4.办学目标

　　多姿多彩,让学生成长;

　　流光溢彩,让教师发展;

　　精彩纷呈,让学校提升;

光彩夺目，让社会满意。

(三)"多彩教育"的实践个性

1.学校观

学校，让生命出彩的地方。学校就是要让每一个孩子的各种能力优势得到最大化的彰显，以最好最优的机制保障，尽量为孩子提供充分的成长支持。

2.儿童观

每一个孩子都是一颗出彩的种子。每一个孩子都是独特的，都是一颗种子，都会有绽放的那一刻。但各自的花期不同，有的花一开始就绚烂绽放，有的则需要漫长的等待，教师和家长应当尊重每一个生命成长的过程，细心呵护每一粒种子，让它们都能释放属于自己的精彩。

3.课堂观

课堂是一出精彩的儿童剧。课堂是学生学习的主渠道，把每节课都当作学生演出，定能像有磁力般，牢牢抓住孩子们的注意力，吸引着他们看着、听着、想着、演着、回味着，这样就更能让他们提高兴趣，专心学习，发挥想象力和创造力，激发内在的潜能。

4.学校发展思路

理念治校，确立多彩教育哲学。理念治校是实践发展的必然要求，没有明确的理念体系，学校的发展将会是盲目的、无方向的。多彩教育理念，彰显学校的特点，适合教育发展的规律，符合未来时代的需求。

质量立校，夯实优质发展基础。质量是学校拓宽发展空间，实现稳定发展的生命线。要优质，必须要遵循教育、教学规律，传承好学校优良办学传统，建立好学校的精神文化基础、组织文化基础、制度文化基础。

科研兴校，探索内涵发展规律。科研兴校是教育体制发展的未来趋势，是提升学校和教师内驱力的战略思想，是提升学校办学水平和办学质量的管理策略。教育科研工作是一个发展的动态系统工程，学校应特别做好课题研究与正常教育教学工作相结合，引导教师由"经验型"向"科研型"转变。

名师精校，培育高端发展领袖。教师是学校发展、学生成长的保证，要以"二级导师制师徒工作小组"这个平台为主要依托，以课题研究为重要方式，以教学研讨为主要内容，造就一批有教育思想和教学风格的学科领军人物和优秀骨干教师,为学校的发展助力。

特色荣校,凝塑特色发展品牌。特色是学校积极的、进取的个性的表现,是一所学校整体的办学思路或者在各项工作中表现出的积极的与众不同之处。要通过构建基于学生核心素养的课程体系来培养拥有独特个性的实小学子,打造学校特色品牌。

管理强校,打造机制创新典范。健全完善各项制度,通过科学与人文相结合的管理,把各项工作及其组成要素结合起来,发挥整体功能,以实现其对学生的培养目标和各项工作目标。

5.办学愿景

建溢彩校园,享多彩教育,绘精彩人生。

6.主要标志

境显幽雅:多彩校园,宜习宜学,生动活泼。

师蕴智慧:童心母爱,智慧大气,应对自如。

课漾童趣:对话倾听,自主分享,兴味盎然。

生盈灵气:兴趣广泛,自由呼吸,彰显活性。

第二章

多彩校园——欢乐,灵秀,迷人

第一节　学校文化建设概述

一、学校文化的定义

文化是相对于政治、经济而言的人类全部精神活动及其活动产品,是人对周围力量施加影响的方式。学校文化是精神核心的引导力量,是一种独具特色的制度方式和行为方式。

1932年,美国学者沃勒(Willard Waller)在其《教育社会学》一书中这样定义学校文化:学校中形成的特别的文化。这种文化即不同年龄儿童将成人文化变为简单形态,或借儿童游戏团体保留成人文化,同时由教师设计、引导学生活动文化等形成。这是最早提出学校文化概念的学者。

顾明远在其主编的《教育大辞典》中对学校文化是这样定义的:学校内有关教学及其他一切活动的价值观念及行为规范。

杨全印、孙稼麟认为,学校文化包括内在价值观和外在的表现形式(行为规范、仪式、视觉符号等)。其中,价值观是核心,表现形式是外壳;价值观是本,表现形式是末。

王继华提出了教育新文化的概念,他认为,教育的创新是以文化创新为引领的,学校文化在宏观上指引着校长文化、学校育人取向文化、教师文化、学生文化、动静态的校园文化、班级文化的发展方向。

综上,学校文化的本质意义是促进师生发展的正确导向和思想力量,有广义和狭义之分:广义的学校文化,是学校中形成的特殊文化,体现的是社会背景下以学校为地理环境圈,由全体师生在学校长期的教育实践过程中积淀和创造出来的学校这个群体存在方式的总和,包括学校物质文化和精神文化,反映着学校的校园风貌、办学内容、办学特色,表现了物质精神、内容形式、课内课外、组织制度、师生员工等各个方面。狭义的学校文化,则是指师生员工在学校教学、工作、学习过程中逐渐形成的文化形态,包括校园精神、校园风貌、校园的价值观念、伦理道德、行为规范、生活方式、人际关系等。

学校文化实质上是一种德育隐性课程。通过学校文化,对学生进行道德熏陶,帮助学生在潜移默化中接受道德规范,实现道德成长。学校文化既包括校园建筑、环境布置等显性的要素,也包括人际环境、心理环境等隐性的要素。

需要注意的是,有人把学校文化和校园文化等同为一个概念,其实是不准确的。学校文化的研究学者赵中建指出,校园文化是以校园为主要空间、以学生为主体、以校园精神为主要特征的一种群体文化;而学校文化具有统整性,是学校主体在整个学校生活中所形成的具有独特凝聚力的学校面貌、制度规范和学校精神气氛等,其核心是学校在长期小学过程中所形成的共同价值观念。校园文化常指代学生活动,而学校文化却涵盖了校风、学风、人际关系和环境等。校园文化是学校文化的子系统。

二、学校文化的构成

一般认为,学校文化主要由以下几个部分构成:精神文化、物质文化、制度文化、行为文化、活动文化和课程文化。

(一)精神文化

精神文化是人类在从事物质文化基础生产时产生的一种人类所特有的意识形态,它是人类各种意识观念形态的集合。精神文化的优越性在于具有人类文化基因的继承性,还有在实践当中可以不断丰富完善的待完成性。精神文化是人类不断推进物质文化的内在动力。由于文化精神是物质文明的观念意识体现,因此在不同的领域,其具体文化精神有不同的表现和含义。学校精神文化是学校文化的深层表现形式,是学校生存和发展的重要支柱。

（二）物质文化

物质文化指为了满足人类生存和发展需要所创造的物质产品及其所表现的文化，是文化要素或文化景观的物质表现，包括饮食、服饰、建筑、交通、生产工具以及乡村、城市等。学校物质文化是学校文化的外在标志，让学校文化和学校精神可见可闻。

（三）制度文化

制度文化是人类为了自身生存、社会发展的需要而主动创制出来的有组织的规范体系，主要包括国家的行政管理体制、人才培养选拔制度、法律制度和民间的礼仪俗规等内容，是文化层次理论要素之一。学校制度文化是学校精神文化的落实和表达形式，为学校的价值系统外化为师生员工的自觉行为起到规范和保证作用。

（四）行为文化

行为文化是人们在日常生产生活中表现出来的特定行为方式和行为结果的积淀，这种行为方式是人们的所作所为的具体表现，体现着人们的价值观念取向，受制度的约束和导向。行为文化是文化层次理论结构要素之一。学校行为文化是学校文化重要的外显方式，表现着不同于其他学校的个性风范，是学校精神的折射。

（五）活动文化

活动是一种形式，一种载体。活动文化是指学校通过有目的、有计划的活动来影响学生行为走向，体现学校文化内涵。学校文化通过活动方式得以呈现。

（六）课程文化

一方面，学校通过课程目标、课程设置、课程实施、课程评价等体现学校的文化品质。另一方面，学校文化又通过课程文化来感染、影响师生的行为，从而实现培养目标。

三、学校文化的功能

学校文化是一个学校的活力与灵魂,一个学校若缺乏文化,那么就如鲜花缺少水分的滋润一样,没有发展的潜力,缺乏生存的活力。

(一)导向功能

学校具有规范人的行为和优化其自身生命存在的功能和意义。学校文化对校园中每一个人的影响和制约正好与管理的导向、凝聚、激励、约束等功能相吻合,它能产生让人美善、文雅和文明的功效,促进师生、员工科学文化素质和思想道德素质的不断提升。师生素质的提升,不完全来自课堂,课堂之外的活动,包括必要的社会实践、社会调查、社会公益活动也是提升素质的重要渠道。

(二)激励功能

优秀的学校文化总是有愿景、有期望、环境舒畅、人际关系融合、生活朝气蓬勃。会激励师生开拓进取,不怕困难,追求卓越,努力把学校的各项任务完成得出色。良好的校园文化以鲜明正确的导向引导、鼓舞学生,以内在的力量凝聚、激励学生,以独特的氛围影响、规范学生。师生有一种责任感、荣誉感,驱使他们努力教和学,不断创造新的经验和成绩。

(三)浸润功能

作为潜在课程,"润物细无声"。"熏陶人、凝聚人、引导人、鼓舞人"。通过各种各样的文艺、体育、理论探讨、校本培训与教研活动等,造就一种生机勃勃、积极向上的文化氛围。学子们置身于这种环境之中,受这种精神的熏陶,耳濡目染,潜移默化,久而久之,就会成为一个有知识、有教养,有进取精神、有良好气质,天天向上的人。健康的校园文化,可以陶冶学生情操,启迪学生心智,促进学生的全面发展。

(四)凝聚功能

良好的校园文化能形成一种健康向上的学校文化氛围,会成为一股无形的力量,有形或无形地塑造着师生的思维方式、生活态度、心理情趣和行为作风。师生会自动地、不假思索地按照学校的思维去思考、去行动。学生自己组织的社团活动,诸如体育竞技比赛、登山、游泳对训练体能、增强体质的好处自不待言,在此过程中,学生的团队精神、合作意识、坚韧不拔的意志力、拼搏精神也得到了培养。

(五)传播功能

学校文化汇聚了学校多年积淀的宝贵财富,它取长补短、吐故纳新。健康的学校文化中,道德观念、社会规范等方面对兄弟学校甚至对社会都有一定正面影响,有些观念、行为方式有时还可能成为社会文化的先导。

第二节　学校文化建设过程、原则和方法

一、学校文化建设的一般过程

学校是每个孩子学习生活的地方,是他们成长的摇篮,也是他们实现理想、放飞梦想的地方! 良好的学校文化给每一位学生带来的是温馨、舒适的学习和生活状态,建设具有特色的学校文化是每一位学校管理者必须首先考虑的问题。

首先,要立足学校实际。学校文化建设是学校教育的重要组成部分,是学校长时间积淀下来的精神财富,它是全面育人不可缺少的重要环节。学校文化建设可借鉴、参考好的作品,但不能"拿来主义",盲目生搬硬套。必须先了解学校的实际,如办学时间长短、有什么光荣历史、地处城区还是农村、周边是否有可利用的资源、属于什么类型的学校等,办学时间比较长的学校还要挖掘学校多年积淀、传承下来的优良传统、优良作风等。只有立足于学校实际的文化才是符合师生发展的文化,才是根深蒂固的文化,才能强化师生的归属感与自豪感,把他们的智慧力量和人格力量凝聚在学校发展的目标上,进而丰富和发展学校文化。

其次,校长要有鲜明的观念。校长的教育思想、远见卓识、教育情怀、胸怀气魄等在学校文化建设中起着至关重要的作用。有人说:"有一个好的校长,就有一所好的学校。"这从一个侧面说明了校长在学校中的重要地

位和作用。建设学校文化,校长如果没有明确的思想观念,将使学校文化建设像无头苍蝇一般乱飞乱撞,显得东拼西凑、不成体系。故此,校长应该把握学校文化的内涵和实质,将学校的使命、愿景、价值观等时刻铭记于心。学校文化建设还需要校长准确把握教育的发展趋势,理解教育的价值,掌握教育的规律,准确定位,科学决策。

再次,要善于发动师生。学校文化是以全体师生共同价值观为核心的,学校师生既是学校文化的创造者、营造者,又是学校文化的弘扬者、更新者。故而,学校文化要让学校师生接受,就要让师生对学校文化有认同感,把他们发动起来,让师生都共同参与到学校文化建设之中,让学校文化建设的方方面面均能体现师生的主体性,这样,师生才能及时将不同的意见和想法表达出来,通过这样的表达和讨论,很多矛盾和冲突就在参与等过程中解决了。反过来,学校文化建设又是学生主体性发展的重要源泉,有利于现代新型人才的培养。

最后,建立完善的制度机制。学校要根据核心价值观完善相关制度,让学校的任何事情都有章可循。同时,健全的制度又建立在师生遵章守纪的基础上,以此来彰显办学思想和个性,这其实也是学校文化的一个组成部分。学校制度文化必须符合国家的相关政策,符合教育教学客观规律,从学校的校情出发,既具有一定的强制性,又具有一定的人文性。制度完善后还需要有相关执行机制作保障,比如,建立公开的监督机制、公正公平的考核评价机制等,不要让制度成为一纸空文,可有可无。

二、学校文化建设的原则

对于学校而言,学校文化建设是一件极其重要而又严肃的工作,要遵循一定的原则,不能随意而为。一般而言,学校文化建设要遵循以下几个原则。

(一)人本性原则

要坚持以人的需要和人的发展为本,把文化育人作为学校文化建设的出发点和落脚点,用先进的学校文化来引导、鼓励学生的创造精神,促进学生形成良好的行为规范,培养健康的文化品位,追求高尚的精神境界,实现学生的全面和谐发展。

（二）教育性原则

学校文化建设要杜绝机械化的督促、奖惩，必须突出文化的育人作用，遵循未成年人身心发展的规律，使校园真正成为文化育人的摇篮，使学生通过文化的熏陶、文明风尚的感染、优良环境的陶冶，得到思想引导、性格培养、意志磨炼、心灵感应、观念认同、品格定型和精神升华。以人性化激励、鼓舞，提高他们的学习兴趣，还可以给予他们工作、生活的灵感。

（三）整体性原则

学校文化建设是一个系统工程，所以，学校文化建设要整体规划，注重各种文化有机结合，有效开发与利用校园文化资源，把各项子文化一起抓，让学校文化建设与学校整体建设有机结合，协调发展。达到学校自然文化景观与人文文化景观相和谐，传承学校历史文化底蕴与高扬时代精神相和谐，学校文化建设与社会文化发展相和谐，办学行为、办学特色与办学理念相和谐。

（四）主体性原则

校长是学校文化建设的培植者、倡导者，教师和学生是学校文化建设的主体。要善于发挥师生在学校文化建设中的主体作用，使师生的主观能动性和创造性得到充分体现，让他们在学校的发展中接受熏陶和教育，感悟时代进步的脉搏，体验不断成功、超越自我的快乐，从而形成全员参与、群策群力、齐抓共建的良好氛围。

（五）实践性原则

校园文化活动是学生思想道德实践的重要载体，必须重视实践。所以，要开展符合学生特点、能引导学生全面成才、大家喜闻乐见、学生参与性强、深受广大学生喜爱和支持的校园文化活动，让学生在活动中接受教育。要注意发挥学校、班级、学生、家长及社区各方面的积极性，通过活动逐步形成规范和谐的校风，科学务实的教风，兴趣浓厚的学风，进取向上的班风。

（六）独特性原则

学校文化建设应在体现民族优秀文化特点、时代精神、现代办学理念的同时,充分传承学校历史文化底蕴,而不是将外在细胞移植于学校体内,人云亦云,千校一面,毫无学校特点。要因地制宜、因校制宜,深入挖掘学校文化内涵,继承学校办学传统,以积极鲜明的个性彰显办学理念和办学文化,形成与时代特征相符的办学特色。

(七)发展性原则

学校文化不是一劳永逸的,它具有发展性、动态性等特点,随着时代的发展、社会的进步,学校文化不断有新的内涵、新的表现形式,所以要与时俱进,对学校的文化传统进行重新发现、认定和弘扬,从而使得学校文化不断进化、优化和强化。这样,学校文化才有生命力,才能始终融合时代的节拍,始终回荡时代的强音。

三、学校文化建设的基本策略

(一)更新观念

学校文化就是管理者的文化,是校长办学理念的集中体现,它来源于本土,根植于本土,传承着学校良好的传统。但要注意的是,学校文化不能局限于本土,止步于本校。而且,由于社会经济的快速发展,特别是管理思想的发展,过去的以控制为基础的学校内隐文化已经不适应社会经济的发展了。学校文化需要校长的真知灼见、执着信念,为此,校长要树立学校文化建设的责任感和使命感,加强学习,更新教育观念,与时俱进,注入新的活力和时代特色,根据自己对教育的理解,结合学校发展的规律和社会对教育的要求,提出学校的价值追求和发展目标,深刻思考和长期积淀结合才能成为全校师生的精神源泉。学校领导要率先垂范,发挥模范带头作用,要有宏观思考的能力和"一盘棋"的思想,统筹把握,让精神文化、制度文化和物质文化协调发展,不断提升办学思想的成熟度。

(二)加强领导

学校文化和领导力是学校可持续发展的核心要素,是学校软实力的具体体现。学校作为师生学习的共同体、生活的共同体、成长的共同体、道德的共同体,在学校文化建设的过程中不可避免地要注意纳入全校师生的作用,但又要注意切忌思想不集中、不统一,使学校文化变成大杂烩,没有统领，没有主轴。因此，校长要采取多项措施，加强学校文化领导。首先，作为学校领导者，教育思想是否端正，决定着学校教育工作的方向和轨道，决定着学校教育工作的面貌。其次，学校领导者应具有人格魅力。领导办事公正，是非分明，扶正祛邪，那么歪门邪道就会没有市场，浩然正气就会渗透于学校工作的方方面面。最后，学校管理者对学校文化建设的重视程度也决定着学校文化建设的成功与失败。学校文化建设是个系统工程，涵盖学校的方方面面，如果管理者对学校文化建设说一套做一套，或压根不考虑，则学校就犹如一盘散沙，思想无法集中，优良传统得不到挖掘与传承，貌似人人在校园里都可以"做主"，但实际人人都无权力"做主"，混乱不堪，这样，学校教育也注定失败。

（三）形成合力

学校的教育理念和各项管理制度，既是广大师生的行为准则，又是学校文化的重要内容和表现形式，通过它可以把学校的精神文化和物质文化有机地结合成一个整体。因此，要实现思想上的领导，学校的文化就必须得到全校师生的认同，实践表明，自己参与建设而形成的和触及其内心的文化最为教师和学生所接受。教师在教育中起主导作用，在学校文化建设和管理中同样要起设计师的导向作用和为人师表的作用，特别是在激励教师热情、高质高效完成工作的过程中，制度文化建设发挥着重要的作用。校长要践行人本理念，切入教师的内心世界，跟教师在语言和心理上沟通，了解教师的不同需求，通过激励等多种形式，设计教师专业化成长的道路，让教师有幸福感、成就感。如在每项规章制度出台前，都召开教工大会，广泛征求教师意见，从师生的需要和发展出发，充分尊重教师、依靠教师，建立以人为本的学校文化，在制度文化建设上，营造民主、平等、和谐的校园氛围。把时间还给学生，把快乐还给学生，让学生有更多的时间思考问题、参加社会实践和自己喜欢的活动，在学校文化建设中，学生在参与中树立了劳动光荣的思想，学会了动手动脑、学会了生存生活、学会了做人做事、学会了审美求知。学生是学校教育的主体，是学校文化建设的主力军，学校努力开发学生的潜能和创造力，为学校文化建设做贡献。以尊重的态度对待教师，以欣赏的眼光看待学生，营造良好的学习和生活氛围，这样形成的学校文化，易为师生所接受与认同，从而发挥文化的潜在影响力。

第三节　多彩校园的建设和管理

在厦门实验小学的校园，一棵虬枝满树的凤凰木矗立其中，每年的毕业季，凤凰花开，铺满整个校园，感染所有师生。她像红伞，灿烂，奔放；她像云霞，一团团，一簇簇，把整个校园都染红了。

远远看去，便会情不自禁地向她张望，向她走来。到了凤凰花下，像看一群朝气蓬勃的少女一样，你会油然流露出仰慕之意、喜爱之情。

从远处到近处，从外围到置身花海，几乎所有的人都会发出由衷的赞叹：太美了，太美了！你看，那些每天围坐在凤凰树下读书的孩子们，每天奔跑在凤凰树下嬉戏的孩子们，脸上写满自豪和骄傲，仿佛在说：我们可是天天都享受着这美景哩！

这盛放的凤凰花就是厦门实验小学文化的生动写照，她是那么的唯美，那么的热烈，那么的青春，那么的蓬勃，那么的奔放！

一、"多彩校园"的建设

(一)确立理念构想

教育理念是学校发展的愿景和学校文化的核心，是学校行动的指南和可持续发展的纲领，是党的教育方针和素质教育要求的校本化。因而，教育理念必须立足于学校实际，在学校本土生根发芽的，才更有生命力，才能够在这块土地上长成参天大树，才能形成凝聚力，最终成为全体师生共同遵守的核心价值。

厦门实验小学是爱国华侨陈嘉庚先生于1944年倡办的，为第一侨民师范学校附属小学，作为第一侨民师范学生的实践基地。校舍先后四度搬迁，也曾经历过与国民党军队霸占校园的抗争，在人民政府接管之初即被命名为"实验小学"，寄托着党和人民的厚望。七十多年来，一代代实小人的辛勤耕耘和共同努力，形成了"尊师学好，爱生教好"的优良校风和"爱校爱生，精益求精"的学校精神。学校秉承实验性、示范性宗旨，在办学的历程中不断探索,注重学生全面发展和能力培养,办学成效得到了广大家长和社会各界的广泛肯定,成为一所当地家长向往的优质学校。原国家总督学柳斌同志到学校调研后欣然提笔书赠"五育和谐发展,素质全面提高"。

在学校多年办学成果的基础上,结合教育发展和未来对人才的要求,经过综合讨论,我们提出了学校新的教育哲学——多彩教育。

"多彩教育"是以多元之手段培养出彩之儿童的教育。厦门实验小学以"师生和谐发展,素质全面提高"为办学目标,把"多彩教育"作为学校推进素质教育的价值观、落实特色办学的方法论。

其核心教育理念是人人出彩,个个精彩。

以七色阳光喻指学校的多彩教育,具体体现在学校从德、智、体、美、劳、思、行七个方面培养学生。

学校以凤凰花比喻学生,以凤凰五瓣花赋予学生在多彩教育下获得的五个目标品质——文明自信、健康活泼、阳光朝气、勤奋创新、博学多才。

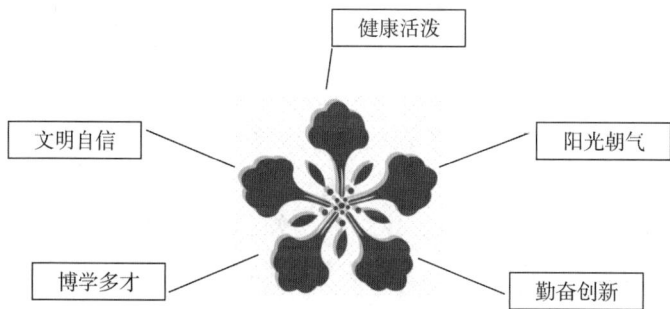

凤凰花的五个花瓣代表五个目标品质

(二)健全制度文化

学校中的仪式、规章、制度等,都是制度化了的文化规范。学校的开学仪式、闭学仪式、升旗仪式、毕业典礼等都是学校文化的最重要特征,每一次仪式都是在特定的场景和心理氛围下开展的,取得的教育效果往往也更好,给以学生满满的仪式感,甚至会给学生一辈子留下难以磨灭的记忆。学校每一次的仪式都有固定的分工,负责的部门会提前精心设计,提交行政会讨论,以达到最好的教育效果。

学校的各项规章制度,既要取得教师的认同,也要取得学生的认同,不能让制度成为一纸空文,流于形式。我校所有规章制度的制定、修改都必须经过教代会讨论通过后才能实施,每一次的教代会都是教师参与学校建设,做主人翁的体现,同时也是一次很好的自我教育机会,他们对自己参与讨论制定的规章制度认同度高,更能自觉地遵守执行。涉及学生的相关制度,必须考虑学生的心理特点、年龄特点,必须符合教育规律,要通过学校制度文化,培养学生的契约精神、规则意识和法律意识。

值得注意的是,学校制度文化规范的最终目的是培养人,既为了学校工作更规范、更好开展,也为了使师生了解规则,以利于他们适应社会,参与社会,改造社会,成为社会所需要的人,而绝不是为了整治他们。因而,学校规章的制定要把有利于学校发展,激发教师工作积极性,促进儿童身心发展作为着眼点,彻底改变以惩治为目的的制度文化。

在厦门实验小学,《学校管理制度汇编》汇集了学校各项规章制度,是学校的管理大全,是学校管理的指南,也是全体教师集体智慧的结晶。

(三)精心设计校园环境

校园环境建设是反映一所学校校风、学风乃至物质文明、精神文明建设的重要窗口,良好的校园环境,对陶冶学生情操,促进学生在德、智、体、美、劳诸方面的全面发展,有着十分重要的作用。

我校校园环境设计基于学校的教育理念,确立了"沐阳生辉 多彩溢乐"的主题。

沐阳:取"沐浴阳光"之意。以阳光明媚、灿烂之意向,迎合学校温暖、和煦的教育特色,彰显"阳光"特质的校园文化,让孩童如沐浴阳光般快乐成长。

生辉:意为"散发光亮、增添光彩"。寓意在七彩阳光的普照下,让每一颗嫩芽都有生发的希望,让每一个学生都有成才的可能,引领和塑造学生的阳光精神,张扬个性、展现自我、朝气蓬勃。

沐阳生辉,意在打造"阳光校园",力图发挥"普惠、温暖、活力"的文化教育作用,让学生在文化浸润中快乐成长。

多彩:取"异彩纷呈"之意。阳光是由红橙黄绿青蓝紫七种颜色光组成的,以"多彩"代表多色阳光;同时指代学校的全面教育,注重学生德、智、体、美、劳、思、行等方面素质的全面发展,为学生提供多彩的育人天地,多彩的发展平台,努力发掘学生潜能,培养学生多彩的兴趣爱好,创造多姿多彩的校园生活。

溢乐:取"洋溢快乐"之意,意味着在多彩教育中享受收获的乐趣。学校通过倡导全面教育理念,营造多彩怡然的校园氛围,使每一名学生在自由、多样的空间里深切感知幸福和乐趣，真正激发孩子们的童真童趣。

多彩溢乐，意在打造"多彩校园"，营造多姿多彩的校园文化氛围，塑造多彩智慧乐园。

1.设计原则

（1）古韵悠长——展示学校深厚的文化底蕴与厚重的历史积淀

设计着重突出学校文化的深度和历史的厚度，让景观树立学校师生的自豪感，激励其奋发进取。

（2）典雅大方——注重校园整体风格的和谐统一

从设计风格到色调运用，既要保持与原有建筑景观风格的一致，又要结合作品的具体位置与功能，体现其个性与独特的文化寓意。

（3）点面结合——形成脉络清晰的文化体系

不仅要重视作品个体的设计，更要考虑文化体系的构建。有点有面、脉络清晰，每一个设计作品既自成一景，又是文化体系中的一个元素。

（4）怡心养目——美观与实用结合

设计既要考虑作品的美观性，又要重视其实用性。用之得心应手，观之赏心悦目，移目余韵绵绵。

2.设计定位

（1）文化定位

学校特色：素质教育。

精神文化：团结进取、无私奉献。

（2）视觉定位

风格：配合学校基础建筑，体现学校深厚的历史背景，定位为现代、庄重、大气的风格。

色彩：黄色系。

（3）功能定位

形象展示——通过文化景观的建设，展示其独有的文化理念和特色；

德育教育——在校园景观建设中，融入激励、德育教育的文化元素，以环境育人；

休憩活动——通过室外景观的营造，给师生提供室外休憩放松的小尺度空间。

3.室外规划

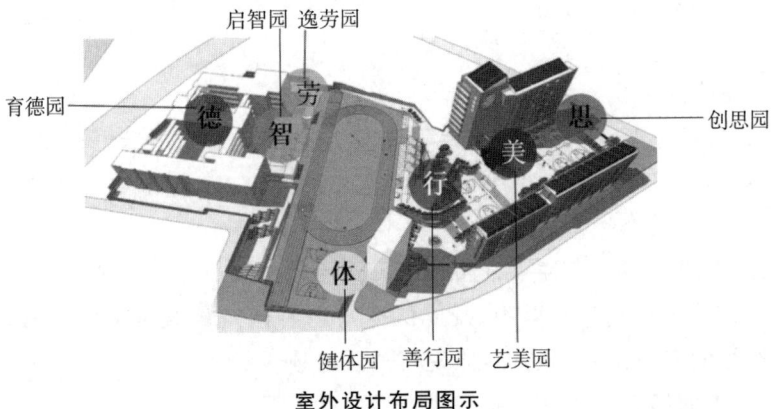

室外设计布局图示

德：育德园。育人先育德，《论语》有言："德不孤，必有邻。"南梁刘勰亦有云："君子之处世，疾名德之不章。"充分体现了德在为人处世方面的重要性。以"育德"体现学校对学生进行德育教育，培养学生正确的人生观、价值观，培养学生具有良好的道德品质和正确的政治观念，形成正确的思想方法。

智：启智园。德育是通过授予学生系统的科学文化知识、技能，发展他们的智力和与学习有关的非智力因素的教育。以"启智"命名，意为开启学生智慧。迎合教学区开启学生心智、启迪学生智慧的育人功能。

体：健体园。体为人之本，以"健体"教育学生要有健康的身体，通过教授学生关于如何保持身体健康的知识、技能，发展他们的体力，增强他们的体质，培养他们的意志力。在运动区打造健体园，体现学校引导学生通过运动强健体魄、愉悦身心。

美：艺美园。美育，是培养学生的审美观，发展他们鉴赏美、创造美的能力，侧重培养学生特长。以"艺美"表达艺术追求至美之境，通过培养学生兴趣爱好，起到陶冶情操的教育作用。

劳：逸劳园。教育应注重引导学生劳逸结合，不拘泥于书本知识的教育，更重视通过劳动实践让学生们在劳动、游戏中取得收获，寓教于乐。

思：创思园。学校不只是传道授业之所，更是启发引导之地，能让学生的奇思妙想得到关注和肯定，并给予其尝试实现的机会，体现了我校对创新创造的重视，鼓励学生开拓思维、勇于创新。

行：善行园。"行有善为"是践行文明的重要行为准则，教育学生"不以恶小而为之、不以善小而不为"，以"助人为乐"为荣，使学生形成正确的价值观导向，争做文明小学生。

环境设计构思：

（1）育德园

雕塑主体为多个方形几何体叠置，高低错落，富有层次感。外立面刻有德育文字。

（2）弘德园

《老子》曰："上善若水，水善利万物而不争。"雕塑灵动而又体现厚重之感，有着上善若水、厚德载物的寓意。营造整个园区的德育氛围，引导学生树美德，讲文明。

（3）润德园

德育是教育者有目的地培养受教育者品德的活动。通过良好的环境，让学生潜移默化地受到熏陶，从而形成"文明、勤奋、自主、活泼"的实小学生品格。

（4）启智园

开启智慧，铸就梦想。寓意学子在教学环境中接受知识，开启智慧之门，踏上实现理想之路。树下绿化延续园区座椅的设计，与园区内部设计交相辉映。

（5）健体园——运动小品

钢材与石材的结合彰显运动的力量感，青春活泼的体育人物剪影迎合运动区的体育氛围，同时体现勤奋、积极、向上的校园氛围。

（6）艺美园——校歌墙

园区内运用音乐元素体现艺术氛围，校歌墙整体设计简洁大气，结合钢琴琴键座椅，恰到好处地体现出园区内的互动性和浓浓的艺术氛围。校歌墙以凤凰花为牵引，音乐元素与艺术元素相结合，整体风格优美动感。

（7）逸劳园

在教学楼楼顶空区规划生态种植园，墙面和地面种植区域以凤凰树树型结构展开种植，让学生们自己动手培育绿植，通过劳动实践让学生们在劳动、游戏中取得收获，寓教于乐。体现"劳"的教育。

（8）创思园——互动迷宫

这一景观设计的意义在于，使学生们通过迷宫互动游戏开拓思维、勇于探索、勇于创新。体现"思"的教育。

（9）善行园

"行有善为"是践行文明的重要行为准则,在这样一个空间里,在学生们学习、休憩的同时,潜移默化地教育学生"不以恶小而为之、不以善小而不为",以"助人为乐"为荣,使学生形成正确的价值观导向,争做文明小学生。

(10)校史墙

校史墙以石材为载体,以校训"诚、勤、毅、创"及其首字母为主体框架,承载了厦门实小七十载光辉历程,传递了引领实小人不畏艰辛、奋勇向前的精神文化,我们将其进行外显,以特色背景墙形式时刻激励实小人。

(11)大厅设计

整个大厅以暖色调为主,稳重、雅致、大气,着重凸显学校文化的深厚。以严谨对称的构图手法突出空间的协调开阔。大厅悬挂校徽式吊顶,独具特色,凸显学校形象。大厅正面以青砖贴面装饰营造历史厚重感、空间立体感。吊顶悬挂校训"诚、勤、毅、创"。对称展示校史简介、学校活动等内容,图文并茂,点缀传统元素与凤凰花剪影,丰富墙体文化。

4.教学楼设计

(1)整体设计

①教学楼 A 设计思路

A、B 两栋教学楼均以校训"诚、勤、毅、创"为设计思路,教育主题贯穿每层走廊,使两栋教学楼紧密联系;以暖绿色系为主色调,搭配橙色、蓝色,营造统一形象。

教学楼 A——1 层走廊。

绿色特征:绿色是植物的色彩,给人以自然清新的感觉;给人以宁静、舒适的感觉;给人以安全、可靠、公平的感觉;给人以理智、平和的感觉。

橙色特征:橙色代表火焰、光明、温暖、热情、活泼。给人的感觉就是温暖、喜欢、活跃。

蓝色特征:蓝色代表着一种青春朝气、活泼向上的精神。浅蓝色更给人一种明快晴朗的感觉。浅蓝色还给人以高雅、轻柔、聪慧的感觉。

主题:勤以治学。

名言:学问勤中得,萤窗万卷书。

书山有路勤为径,学海无涯苦作舟。

教学楼 A——2 层走廊。

运用暖绿色主色调,与整体风格统一,整齐划一地展示德智体美劳多方面教育。

主题:毅以处事。

名言:士不可以不弘毅,任重而道远。

　　　宝剑锋从磨砺出,梅花香自苦寒来。

教学楼 A——3 层走廊。

主题:创以致远。

名言:创新是一个民族进步的灵魂,是国家兴旺发达的不竭动力。

　　舞蹈教室、合唱室整个空间色调以淡绿色为主,保证教室明亮宽敞,整洁美观,小学生心情明朗,与空间设备保持和谐统一,后墙打造音乐主题墙,营造活泼欢快的空间氛围。

　　计算机教室:迎合计算机主题,以生动活泼的设计展示学习计算机的乐趣。

　　②教学楼 B 设计思路

　　廊顶为传统祥云元素,廊柱上镌刻教育主题,装饰上融入中国传统元素,渲染国学氛围。

教学楼 B——1 层半开放空间。

主题:勤谨躬行。

教学楼 B——2 层。

主题:正心诚意。

　　主题墙面设计为孔子讲堂的形式,学子仰望先贤,见贤思齐,积极提升自身修养,勤奋好学,强健体魄,以创造新的辉煌。

教学楼 B——3 层走廊。

主题:求源创新。

教学楼 B——4 层走廊。

主题:明理弘毅。

　　成长教育的格言,通俗简明,意味深刻,是孩子们进步的阶梯。

　　美术教室:展示艺术作品,渲染文化氛围,并保持空间和谐感。

　　③C 楼设计实验楼设计思路

　　一层(科技):求知探秘。追求知识本原,探寻科学奥秘。

　　二层(美术,计算机):绘美未来,E 海徜徉。色彩绘就童真,信息开拓视野。

　　三层(心理):心灵港湾。化解困惑,把握心海罗盘;自我调适,拥抱幸福童年。

　　实验楼走廊分别根据每层的教室功能提炼文化主题。

四层(校史):铭史育新。承扬精粹,以史育人。

(2)楼宇命名

将学校多彩教育喻为多彩阳光,因此以"日"为主线贯穿楼宇命名。

教学楼A——迎晖楼:迎晖,意为迎接阳光,在此寓意低年级学生在此迎着朝晖,快乐发展。

教学楼B——日新楼:日新,出自《礼记·大学》:"苟日新,日日新,又日新。"意为每日都在更新,在此喻指低年级学生经过学校教育,日进日新,同时也表达了"不需超负荷、只要每天都进步"的教育观念。

教学楼C——煜明楼:煜明,意为光亮。科学是人类进步的指路明灯,实验是获得科学真理的必经过程,以"光亮"象征实验,预示着通向光明的必然趋势,同时意指学生在此以光亮为指引,通过实验获得真知。

高年级教学楼:

旭升楼:旭升,取"旭日东升"之意。意指高年级学生已经过朝阳的洗礼,开始迎接升起的旭日之光,也寓意学生各方面发展更上一层楼。

韶润楼:结合楼内行政办公、图书馆、电教中心等功能室,以"韶润"表达以高尚职业道德办公从教,以温润厚德囊括人类文化精髓等寓意。

5.吉祥物设计

以凤凰花为设计原型并用拟人和夸张的手法来表现活泼、亲切可爱、快乐自信、意气风发、淘气的特点。火红的头发象征着凤凰花,张开双臂向前奔跑预示着我们实小的学生朝气蓬勃,茁壮成长。

灵灵　　　　　　　　奇奇

吉祥物以七彩阳光为设计思路,运用七彩色调,外显学校阳光教育、全面发展的理念,卡通人物头部的灵感来源于凤凰花的五瓣特征,整体视觉上突出小学生的可爱活泼、热情欢乐,造型简洁。"灵奇"谐音灵气、灵七，代表了厦门实小学生的热情朝气，活泼快乐，也表达了七彩教育主题。

二、"多彩校园"管理

学校管理是指对校园的发展规划、环境卫生、教育教学等各项工作的组织、协调和检查。学校管理既是一门科学，又是一门艺术。

"多彩校园"管理的核心是科学与人文并重。具体有以下管理方式：

（一）走动式管理

管理即指导、即服务、即进入；学校各级管理人员不是成天待在办公室中，等候别人的报告，而是在繁忙的工作之余，经常到各个部门或年段、班级走动走动。实际了解教师的工作状况和班级管理情况，并给予加油打气。走动管理不是走走而已，而是要搜集最直接的讯息，及时施以必要的帮助、指导，从而弥补正式沟通管道的不足。

（二）微笑式管理

管理即"我们在一起微笑面对"；管理不应该过于注重管理的程序化，忽视了人性的情感管理；管理者不应该是一副成天板着脸孔的高高在上形象，而应该把微笑经常挂在脸上，亲近教师，亲近学生，认识到仁爱与和谐的思想对我们的学校管理有着重要的作用。

（三）指尖式管理

管理即巧用技术，随时随地介入；信息化时代的到来，给我们的管理带来了新的改变。通过充分发挥互联网的作用，由移动科技引领的现场管理新变革，对我国传统的学校管理方式而言，是现场管理模式的一大飞跃。管理者通过终端即可了解相关人员的现场情况，并实时发布工作指令，极大地提升了工作效率。

（四）追梦式管理

管理的本质是让人执着追随梦想；学校管理者和教师要有共同的价值追求，同时，也要让每个教师、每个学生确立自己的工作目标、学习目标，通过努力实现自己目标的过程来遵循学校的相关管理制度。在此过程中,学校要为师生实现自己的目标设立平台,铺设"台阶",架好"梯子",助力他们发展。

(五)众筹式管理

每个人都是管理者与被管理者。众筹是互联网金融模式之一,将众筹的理念移植到学校管理中,树立学校是大家的,学校好就是大家好的主人翁意识。每个人在被管理的同时又都参与管理,让管理处处存在,使问题无处遁形。

三、"多彩校园"十景

"多彩校园"充满生机与欢乐,本着"为师生营造轻松、和谐、美丽、快乐的学习环境"这一目的,学校着力加强校园文化与环境建设,做到了校园处处皆美景,使学校成为孩子们的乐学之地、成长之地。

主教学楼 A 楼及校门

校园远景

火红的凤凰树

校园塑像

校训石——"毅"

庭院园林景观

校门口花园——馨悦园

形态各异的动物石凳

园林小品

美丽的图书馆

第三章

多彩德育——按需,开放,引领

第一节　多彩德育响应时代呼唤

德育即"德"与"育",广义的德育是教育者根据一定的社会要求和受教育者的需要,遵循品德形成和发展的规律,采用有效的方法和手段,培养受教育者的思想品德的活动,包括思想教育、道德品质教育和个性心理品质教育等。"育"是灌输、培养、训练的意思,是一种有目的的实现手段,是对德的贯彻和实现。

学校德育是一项长期的育人工程,也是一个系统工程。德育工作是学校工作的重中之重,它关系着学生的健康成长,更关系着民族的未来。当前,多元的价值文化、参差不齐的家庭教育和不平衡的学校教育等因素,以及德育理念缺乏人文精神、德育目标过高、德育课程内容较旧、德育方法比较单一、德育评价流于形式等方面都对青少年思想品德健康成长造成影响,导致青少年在做人方面或多或少存在着分不清是非善恶,分不清卑俗崇高,缺乏积极、向上、坚强、达观的人生态度,甚至是缺乏心忧社会、心忧国家的家国情怀等。当前学生表现出的做人现状使学校的德育工作面临新挑战。

新时代呼唤新德育。学校德育必须要适应当前时代的要求,必须与时共进,积极树立"大德育、新德育"观念,遵循教育规律、学生身心发展规律和德育工作规律,坚持育人为本、德育为先,大力促进德育工作专业化、规范化、实效化,形成全员育人、全程育人、全方位育人的德育工作格局。要广泛开展中华经典诵读活动,将传统美德与诚信教育、师德建设相结合,使学生在优秀传统文化的熏陶中传承中华文明。要集中整合学校及社会各类教育资源,真正协调好各方力量,引导家庭、社会增强育人责任意识,提高对学生道德发展、成长成人的重视程度和参与度,形成学校、家庭、社会协调一致的育人合力,推动形成学校、家庭、社会、网络全方位、立体化、合作开放的德育工作体系,优化育人环境。要加强家庭教育指导,引导家长注重家庭、注重家教、注重家风,营造积极向上的良好社会氛围,形成人人都是德育工作者,处处都是德育环境,课课都渗透德育教育的生动局面,帮助学生扣好人生的第一粒扣子,培养一代又一代勇于担当、敢于挑战、德才兼备的接班人,为国家培养和储备大量的德智体美劳全面发展的接班人!

福建省厦门实验小学创办于1944年,七十多年风雨兼程,砥砺前行。我校自觉顺应时代、未来的要求和"人"的终身发展的需要,始终站在全面育人的高度,从学校传统出发,结合时代特色,立足本校实际,以学生的发展为本,近几年来,学校在德育工作实践中不断修整和完善德育的育人目标,把"多彩德育"作为学校的教育哲学。多彩教育是以多元之手段培养出彩之儿童的教育,是学校推进素质教育的价值观、落实特色办学的方法论。"多彩德育"的教育哲学就是旨在让多彩德育感染学生,多彩校风影响学生,多彩文化陶冶学生,多彩课程浸润学生,多彩课堂活跃学生,多彩教师引领学生,多彩管理规范学生,让学生成长流光溢彩,让教师发展精彩纷呈,让学校提升光彩夺目,让家长、社会满意。

学校德育始终坚持多彩发展教育理念下德育实践的有效性,与时共进,紧扣新时代的脉搏,坚持"立德树人"总体方向,做到守正与创新,以解决"培养什么人、怎样培养人、为谁培养人"这一根本问题。学校德育工作坚守"多彩教育"之信条,即"多彩教育"是心教育,直抵儿童心灵;"多彩教育"是暖教育,温暖整个人生;"多彩教育"是广教育,博雅胸怀与视野;"多彩教育"是众教育,多元主体参与;"多彩教育"是魅教育,张扬学生个性,积极进行多彩发展教育理念下德育内涵的研究,紧紧围绕着"心灵比心情更重要,德性比知识更本位,体验比知道更可贵,身教比言教更真切"的核心观点,秉承德育为先的教育理念,充分发挥学校在德育工作中的核心作用,构建内容完善、载体丰富的德育工作体系,开创德育新局面。德育工作紧紧围绕立德树人的根本任务,以学生为德育主体,着眼于人的生命发展的未来状态,着眼于人的终身发展,不断增强德育工作的时代性、科学性和实效性,积极确立明确合理的德育目标,创新德育工作模式,设置完善的德育课程,构建完善的德育评价,加强网络环境下的学生德育工作等,把社会主义核心价值观体系融入教育全过程,以加强学生品格修养和文明行为养成为德育工作的核心内容,达到以多彩文化熏陶人,有声有色;以多彩活动激发人,生机勃勃;以多彩课程培育人,多姿多彩;以多彩评价引导人,鲜活多元,为每一个孩子分享多彩的教育作为"多彩教育"的使命与追求。深入落实全员育人导师制、教师教书育人"一岗双责"制度、活动育人课程建设制度、家长委员会制度等基本制度,坚持全员育人、全程育人、全面育人方针,各学科教师寓德育于学科教学之中,寓德育于丰富多彩的活动和大课堂之中,在教学中关注学生的道德生活和人格养成,积极改进德育教学方式,采取直观、参与等多样化的教学手段和教学形式,让教育内容渗透在学校生活的各个层面,在一种和谐的、自然的气氛中让学生自然而然地、不知不觉地接受教育,不断启迪学生心灵,落实礼仪渗透。积极探索、创新家校社共建的模式,探索家庭、学校、社会等多方位互动合作,进一步完善以学校教育为中心,以家庭教育为基点,以社会教育为依托的三位一体德育教育网络,不断激发家庭德育力量,整合社会德育资源,与家庭、社会教育相结合,借助家委会这个载体,引领家长积极树立责任意识,认可自己为学校教育工作中不可或缺的角色,关注学校建设,积极参与到学校的各项活动中。充分挖掘精彩的德育资源,打造广阔的教育时空,拓宽学生的学习渠道,让家长、社会与学校一道构建和谐教育环境,共同构建家庭、学校、社会一体化德育工作体系,真正形成核心价值观教育的合力。

富有时代意义、多姿多彩的德育特色活动也形成了我校独特的校园文化,积极培养学生良好的文明素养和爱校、爱乡、爱国的情怀。2017 年 9 月,金砖国家领导人第九次会晤在厦门举行。我校 30 多名学生光荣地承担了为多国领导人机场献花和晚会导引入场的任务。用中华民族的礼仪,向全世界展现了可爱、自信的中国少年的精神风貌。

第二节 基于学生主体的多彩德育

社会发展要求教育必须把培养人的主体性作为根本目标。如何让德育工作成为学生心灵成长的助手？这是每位德育工作者必须思考的问题,更是学校德育工作的关键所在。厦门实验小学始终重视抓好立德树人工作队伍建设，积极构建人人、事事、处处、时时渗透着教育和自我教育的德育模式，既注重塑造教师这个德育主体的道德素养、专业素养、教育素养，积极发挥班主任、思政课教师、少先队辅导员在德育工作中的骨干作用，强化学科教师的育人主体作用。通过培训等方式，不断加强师德建设，提高教师学科育人素养，激发全体教师迸发德育使命的意识，对学生这个教育主体进行积极的教育引导，形成责任落实、教育互补、协同育人的德育格局。

德育工作中，根据我校"人人出彩，个个精彩"的办学理念及让每一个孩子拥有绚烂多彩的童年的办学目标，始终坚信每一个孩子都是一颗多彩的种子，学校是让生命出彩的地方。在开展德育工作时，始终将学生视作发展中的个体，高度关注学生的思想动向，立足学生的所思所想，把尊重和民主作为德育工作的核心，遵循趣味性和自主的原则，精心设计教育内容，让它更贴近学生生活，更贴近学生实际，更贴近学生心灵成长的需求，焕发出无穷的生命力，引领着学生主动参与、快乐体验，获得主体性的发展，在活动中不断矫正其道德行为，进而进一步确立正确的道德行为准则，学会自我教育、自我规范、自我完善，促进学生道德品质的自我建构，帮助他们在小学阶段成长的黄金季节，扣好人生第一粒扣子，让每个实小的学生都能"五彩缤纷，有梦想；俊彩星驰，有才气；光彩耀目，有特长；神采奕奕，有活力；奇光异彩，有灵气"。为每个学生的成长成才和幸福人生奠定重要基础。

一、我的校园我做主

德育工作的重点是塑造人。德育工作要注重学生这个主体，精心设计主题明确、内容丰富、形式多样、吸引力强的活动内容，提供给学生一个岗位，让其扮演一个角色，引导学生进行实践和体验，获得一种感受，养成一种品质，提高其道德判断能力。

为使学生真正做校园主人，为校园文化出谋献策，我校德育处开展了"我的校园我做主"校园文化建设创意金点子征集活动，旨在把校园文化建设的权利下放给学生，把校园文化的传承接力棒交给学生。根据不同年级学生的年龄特点，精心设计更具有道德教育时代感、与时俱进的德育活动，让德育活动焕发出无穷的生命力，使学生主体在生动的活动中受教育、快成长。此次活动得到了全校学生的积极响应。在班级推选、大队委评选及德育处评定的层层筛选中,最终选出了 30 多幅富有创意的金点子作品。学生的作品主要是围绕着如何让校园的楼梯会"说话";如何在校园的廊道进行更为合理的布置,如在班级外墙设置学生作品展示墙,设立小书架,画上一些可以供课间游戏的方格、棋盘等;下雨时,如何更好地摆放雨伞……学校还将这 30 多幅金点子作品制作成幻灯片,在学校廊道的电视屏幕上滚动播放,最后再评选出"优秀作品奖"。我校最终对这些富有创意的金点子进行汇总,采纳了一些切实可行的金点子,对校园进行布置,以创建更具特色的校园文化。虽然学生的作品还略显幼稚,但重要的是,他们在此次活动中能用童眼看校园,用彩笔、文字描绘校园文化建设的美丽愿景。

在"垃圾分类我先行,实小少年创文明"主题教育活动中,学校德育处给学生布置了一项特殊的"假期作业":积极参加"家庭垃圾分类"专项活动,并利用手机、相机、DV 及纸笔等记录参与垃圾分类的过程及获得的成长,同时积极开展"垃圾分类卡通形象标志"设计活动。所有学生全员参与设计富有实小特色的"垃圾分类"卡通形象标志,参与面达 100%,而后通过班级选举投票、年段统计,评选出最佳卡通形象标志一、二、三等奖,最终通过讨论和选举结果,确定了"文文、明明、实实、小小"四个富有童趣的卡通形象标志,并进行艺术设计后在我校醒目的位置加以张贴宣传,美化校园文化环境,同时更好引导全校学生主动参与到垃圾分类工作中,共同建设和谐、美丽的家园。

【相关报道】

为国旗添彩
——我校成立"国旗班"并开展系列培训

为进一步规范升旗仪式,加强爱国主义教育和国防教育,促进学生良好行为习惯的养成,新学期伊始,我校少先队大队部立即成立了校"国旗班",并于近期组织开展了系列培训。

校国旗班的成员来自三至五年级成绩优异、品行端正的学生。培训分为两部分:动作讲解和实地演练,由我校富有经验的大队委进行了一次全面的指导训练。

动作讲解训练于 3 月 4 日下午第一节课在我校多功能教室进行。首先,我校少先队总辅导员甘芸萱老师先组织所有国旗班成员观看了 2018 年 1 月 1 日在北京天安门广场的升旗仪式视频,庄严、壮观的场面迅速将

"仪式感"教育从"此"开始

国旗班成员带入了学习状态；接着，大队委邱洪怡静和陈锦新分别就升护旗手和护旗方队两方面的训练事项进行讲解，其他大队委也在会场两侧指导、纠正动作。现场还设置了互动问答环节，以帮助国旗班成员巩固训练要点。国旗班成员在训练过程中坐姿端正，认真参加培训，积极参与问答。

大队委邱洪怡静进行升护旗手培训

敬礼训练

　　3月15日早晨，国旗班成员早早就在我校升旗台前集合，进行实地演练，大队委耐心地讲解了动作要领后，国旗班的成员踊跃参与演练，将国旗徐徐升起。

国旗班成员准时到场集合训练

掌握要领，顺利将国旗升起

国旗班系列培训，培养了少先队员们的自律意识，他们从中体验到团队的协作精神，受到强烈的爱国主义情感教育。希望在大队委的指导下，国旗班的所有成员能以高标准、高姿态展示旗手的魅力和风采，让学校每周一和重大活动的升旗仪式变得更加规范、更富有仪式感。期待校国旗班成为我校一道亮丽的风景！

二、我的活动我参与

德育工作注重主体性，就体现在设计形式多样的、富有生机活力的竞赛、实践等活动形式，让学生主动参与到班级、年段和学校的管理工作中，从而唤醒学生的自我意识，让学生成为德育教育的主体，使他们在德育教育的过程中获得一种愉快的精神体验，不断在锻炼中成长。

为帮助学生消除疲劳，活跃身心，促进学生健康、阳光地成长，培养学生良好文明的活动习惯，提高校园文明的层次及校园文明素质。德育处从各方面多方联手，不断激发教师调动自身的智慧、家长的力量和学生的积极性，积极创设一种昂扬向上的、文明有趣的活动氛围，让学校的课间十分钟呈现"快乐课间，文明游戏"的良好态势。根据现状，从学生的年龄特点和好动、好玩的特点出发，德育处和相关教师设计、拍摄《课间文明游戏》《古早的游戏》等视频，利用早会和班会课进行播放。通过直观、形象的介绍，让学生懂得可以利用学校 BC 连廊上设计的跳房子、跳格子的游戏项目开展文明课间活动，也可以开展攀绳、掰手腕、你进我退等有益又健康的游戏，还可以玩爸爸、妈妈等长辈小时候玩过的一些游戏，如昂啊飘，老鹰捉小鸡、编织、滚铁环等活动；鼓励学生做生活的有心人，多观察，多思考，回家多向爸爸、妈妈请教，然后自己再设计、创造出一些好玩、有意义的游戏。学生在这样的教育活动中兴趣盎然，由此真正体会到文明小游戏的益处。他们纷纷设计了一些好玩、有趣的小游戏，活跃了课间十分钟。班级自主开展长绳过关测试，将学会跳长绳布置为家庭作业，让学生与爸爸、妈妈一起坚持进行练习，然后在课间指定学生专门负责训练，班级采取竞争机制，鼓励学生利用课间多加练习……这些举措，就使学生真正成为课间活动的主人，学生课间冲跑、喊叫现象明显减少，取而代之的是文明游戏的课间活动。

在"六一"这个属于学生的日子，除了有童声合唱、舞蹈表演、京剧串烧、答嘴鼓、街舞秀等精彩纷呈、各具特色的节目展示学生精彩的才艺，活泼的个性，唱响童年的"幸福"之歌，我校举行了以"童心同乐，幸福六一"为主题的庆祝活动。围绕"幸福"主题，学校根据各年段学生的年龄特点，给每个年级设置了不同的内容：一二年级以游园闯关为主题，三年级侧重于动手动脑，四年级开展运动闯关，五年级则是厨艺大比拼。德育处还为全校学生准备了一列"幸福快车"，只要完成闯关任务，集满 7 个章，就可以兑换精美的礼品。学生身着节日盛装，积极参与到劳动技能闯关、垃圾分类活动体验、快乐手工实践、益智有趣的游园挑战等活动之中。借着儿童节开展"幸福快车"闯关活动，让学生在劳动技能展示、快乐手工实践、益智有趣的游园活动中，体会收获成功的快乐。"六一"节当天下午，各班继续以假日小队活动的形式，开展有趣、有益的社会实践活动，将"幸福"的体验延伸到校外，度过属于自己的幸福"六一"。

[相关报道]

不忘初心　牢记使命　我是新时代好队员
——厦门实验小学庆祝 2019 年元旦文艺汇演暨新队员入队仪式

2018 年 12 月 29 日下午，厦门实验小学全体师生在校园中庭隆重举行了"不忘初心　牢记使命　我是新时代好队员"——厦门实验小学庆祝 2019 年元旦文艺汇演暨新队员入队仪式。298 名一年级的学生，欣喜地佩戴上红领巾，光荣地加入中国少年先锋队。

一、入队前准备

利用早会课时间，受过培训的大队委们当了"小老师"，给新队员上了两节"队知识教育课"，让一年级的弟弟妹妹们提前了解入队知识，练习入队礼仪。

"红领巾"进课堂

一年级的 298 位孩子的小脸上洋溢着灿烂的笑容，认真填写《少先队员证》，书写自己的小心愿，等待着他们人生中第一次意义重大、激动人心的时刻——加入光荣的中国少年先锋队。

二、入队进行时

在熟悉而亲切的出旗曲中，出旗手迈着整齐的步伐，精神抖擞地进行着庄严的出旗仪式，少先队入队仪式由此拉开帷幕。随着雄壮高昂的旋律响起，在我校吴如光老师的指挥下，同学们高唱队歌，嘹亮的歌声表达了同学们对少先队组织的热爱。紧接着学校大队辅导员甘芸萱老师宣读了新队员和新建中队名单，298 名新同学在欢快喜庆的音乐声中，踏着整齐的步子、意气风发地走上台来，受邀参加入队仪式的家长们郑重地为新队员系上鲜艳的红领巾。一个热情的拥抱，一句温暖的祝福，一个庄重的队礼，定格入队的骄傲，都是满满的幸福。接着，大队委带领新队员在队旗下进行了庄严的宣誓。大队辅导员甘老师为新成立的一年级六个中队的少先队员代表授旗，校长助理林卫红老师为新建中队的辅导员老师颁发了聘书。

　　一(2)中队的叶芷瑜同学作为新队员代表发言，表达了成为一名光荣的少先队员的自豪心情，也表达了努力为红领巾增光添彩的决心；一(1)中队的家长代表黄振恩

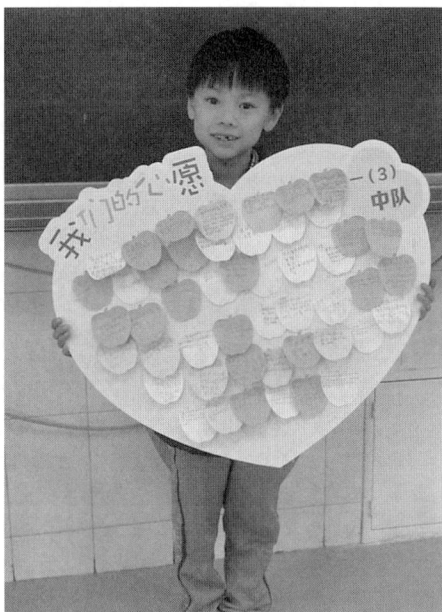

书写自己的小心愿

妈妈潘莉昀女士在发言中，向新队员表示热烈的祝贺，同时也表达了所有家长们对孩子们成长的满满期待。一(4)中队的新队员代表和家长带来了亲子朗诵《红领巾》，声情并茂的诵读，奏响了新队员们的入队新篇章。

出旗仪式

敬上第一个队礼

授中队旗

接着,新队员代表带着他们的心愿卡到台上展示。一张张的心愿卡,表达了新队员的心声,他们郑重承诺:一定要做一名优秀的少先队员!

亲子朗诵《红领巾》

心愿板展示

随之，一系列精彩的节目开始了。我校交响管乐团演奏了《星球大战》和《小步舞曲》，由此拉开了庆 2019 年元旦文艺汇演的序幕。我校空手道兴趣组同学带来了表演《钢铁少年》，帅气的姿势瞬间活跃了现场气氛；刚获得 2018 年厦门市青少年啦啦操锦标赛一等奖的李熠亭和曲奕帆同学的双人花球表演，活力四射，广受同学们的好评；一年2班的同学们带来了《彩虹色的花》绘本表演，可爱的怀着心事的"小动物们"通过他们的表演告诉了人们愿意跟每个人分享的快乐；二年1班的小组朗诵《我有一个梦》，带领大家走进孩子们的梦想家园；二年2班的同学们带来了《闽南讨海人》的表演，展现了浓厚的闽南讨海文化；二年4班带来的情景舞蹈《百善孝为先》，用表演的形式传递了用爱感恩父母、感恩老师的传统美德；取得市经典诵读比赛一等奖第一名的同学们，带来了《永恒之歌》的朗诵，歌颂着改革开放40多年来的成就；中国舞班的同学们带来的中国舞《绿野仙踪》，一群"小精灵们"展现了活泼可爱、朝气蓬勃的精神面貌。

我校何宝群校长为全校师生和家长们送上了新年祝福，期待着新一年实小少先队员们能收获新知，从身边做起，从力所能及的事情做起，有勇于创造未来的担当，做一名符合新时代要求的好少年。

在大队辅导员甘老师的带领下，队员们进行呼号。响亮的呼号声"时刻准备着"，在中庭上空飘荡。入队仪式在严肃庄重的退旗仪式中画上了一个圆满的句号。入队仪式，使全体少先队员受到了深深的教育，队员们在火红的队旗下受到了心灵的洗礼。每个人的脸上都洋溢着自豪、甜蜜的笑容。光荣神圣的入队仪式，必将成为这批新队员人生中的一篇美妙动人的乐章，相信在少先队这个塑造人、锻炼人的集体里，孩子们的理想之舟一定能扬帆起航，期待着实小的少先队员们时刻准备着，不忘初心，牢记使命，努力争当一名新时代的好队员！

【家长感言】

吴煜楷家长：今天，2018年12月29日，非常感谢我们学校为孩子们举行了隆重且庄严的入队仪式并邀请家长一同见证孩子们的成长。曾经的我们也站在鲜艳的队旗下宣誓，在队旗下成长。今天，我们已为人父母，亲手将红领巾给孩子系上。看着孩子自豪的笑脸，回顾这入学半年来学校和老师们对孩子们的教导和关爱，我们感恩不已。孩子加入了光荣的少先队，这是一个新的起点、新的开端。作为实小的家长，作为一年2班大家庭的一员，我们作为父母觉得更有责任和学校老师一起教育好孩子，为共同促进孩子的成长而努力！

李奕诺家长：小朋友的入队仪式，我去观看了全程，还是蛮震撼的。一帮一、二年级的小朋友，能拿出这样高水平的节目，真的是相当不容易，背后一定是老师和小朋友都付出了很多努力。我家宝贝从朴老师发入队通知那时候起，在家里就一直念叨加入少先队的事。在她看来，入队是一件大事，一件光荣的事，一件很自豪的事。那天过去帮她系上红领巾，她抬头向我敬礼的那一刻，我也被深深感动了。那一瞬间我突然发现孩子真的长大了，她们有自己的思想，有自己的追求，我也备感自豪！感谢老师们的付出！

张睿宸妈妈：今天很冷，但是舞台上孩子们的表演很出彩、很用心；今天很冷，但是当作为父母的我们，为孩子佩戴上红领巾的那一刻，心情是激动的，场面是暖人的；今天很冷，但在仪式结束的时候，全体队员在队旗下的入队宣誓是如此庄重，呼号是如此振奋人心！今天，我为孩子入队而激动，我也为孩子能作为一名实小的学子而自豪！

陈昱圻家长：亲爱的孩子，祝贺你光荣地加入中国少年先锋队这个光荣的组织！感恩学校让我们全程见证了这个光荣的时刻，也感恩老师给予机会让我们能亲手为你佩戴红领巾。从你紧张、严肃又振奋的脸庞上，爸爸妈妈能感受到你的光荣、自豪和喜悦。希望你能按照少先队员的各项标准严格要求自己，健康成长，做一名优秀的少先队员！

汪秋旭妈妈：秋旭，在2018年即将结束的时刻，你收到了一份特别而珍贵的礼物——光荣地加入了中国少年先锋队，成为一名少先队队员。学校为你们举行了隆重的入队仪式，妈妈还亲手为你戴上了红领巾，我们共同经历了这一荣耀时刻，多么幸福！

李辰萱妈妈："妈妈，什么时候我才能像大哥哥大姐姐一样，戴上红领巾？"犹记得刚踏入实验小学的大门，你就盼着能早日成为一名少先队队员，戴上鲜艳的红领巾。近一个学期，妈妈看到了在厦门实验小学这个多彩校园里，你的努力与成长：你加入了学校健美操队，刻苦地训练，强健了体魄；你养成了较好的学习习惯，自己的事情能自己完成；你还认识了许多新同学新朋友，假日小队活动丰富了你的见闻，开阔了你的视野……在实验小学里，你学习着，体验着，努力着，奋斗着。过程中充满了艰辛的汗水，但奋斗后收获的果实是如此的甜蜜。今天，在队旗下，你如愿成了一名光荣的少先队队员，妈妈也相信，胸前飘扬的红领巾啊，她将激励着你向着成为一名优秀的实验小学少先队队员不懈努力。妈妈期待着……

三、我的活动我策划

德育工作注重主体性,就要坚持德育形式有创意。我校积极搭建各种活动载体,遵循自主原则,在选定主题、活动环节、活动呈现等方面都让学生参与进来,让学生自己设计、自己策划、自己实施。学生通过亲身体会,主动性得到了最大限度的发挥,他们的创新精神也让德育活动焕发出无穷的魅力和无限的生机。而健康有益的活动,也不断激发出学生的自我教育愿望。

在校庆日,德育处开展了"我是实小人、我爱实小"主题教育活动,在四、五、六年级组建了校园小小宣讲队,进行为期三周的周一的"国旗下讲话"。三个年级的校园宣讲队分别围绕"讲校史""讲校友""讲身边人"三个主题进行认真准备、精心策划、展示形式多样。四年级带来的内容是情景式朗诵《我们的骄傲》,宣讲队员回顾学校走过的峥嵘岁月,让同学们也了解了我校的光荣历史,满满的自豪感溢于言表。五年级的宣讲队深情讲述的是自己心中最美校园的悠久历史、光荣传统和一道道最美的风景……六年级的宣讲队员则分别介绍了许多身边最美的实小人:有热爱骑行的追风少年潘哲原同学;有坚持公益环保的周淼同学……形式多样的宣讲内容,积极鼓励全体实小人牢记"今天我以实小为荣,明天实小以我为荣",用实际行动践行"诚、勤、毅、创"的校训,人人明校史、人人爱实小!围绕"争做新时代好少年"这个主题,根据学生的年龄特点和班级实际情况,各班开展了"学习雷锋好榜样 争做优秀毕业生""童心向党 争当新时代最美毕业生""争做新时代好少年""爱我家园,争做环保小卫士""争当班级的小主人""继承优秀文化传统,争做新时代好少年"等主题班队会。学生参与热情高涨,节目形式多样,内容丰富,富有教育意义,有诵读、游戏、调查、讨论、舞蹈、相声、小品、歌曲等,台上台下互动热烈,充分体现了中队辅导员在活动中的主导性和学生的主体性,更是充分体现了学生在活动中的成长。

为锻炼学生的组织能力和管理能力,培养学生的民主参与意识,进一步加强学校少先队组织建设,我校每年在建队日都会举行新一届大队委的换届竞选活动。在竞选活动前,大队部向三、四、五、六年级全体队员公开选拔一批具有良好思想品德、乐意为同学服务和有较强组织能力的大队委候选人。经过自我推荐、中队预选、年段上报,大队委候选人脱颖而出。紧接着,大队委候选人的竞选宣言在红领巾电视台播出,自我介绍PPT和海报在学校廊道屏幕和宣传栏展出。大队委候选人在建队日这天登场,为全校师生带来了精心准备的一分钟才艺展示。短短一分钟,展现了这些大队委候选人的良好风采。在展示个人才华的舞台上,更是激发了他们为集体和同学服务的意识。在对大队委进行工作考核一个月后,大队部对每一位成员进行部门的分配,并确立大队委规章制度,同时给大队委设多个小岗位,如国旗班、文明督导队、文明礼仪队、常规评比队、红领巾主持队等。每周例会上及时反馈一周以来大队委的工作情况、不足及解决办法,大大促进了大队委的工作热情。大队委每周四放学后都能对升护旗手和护旗方队进行训练。大队委还在建队日前夕下到一年级,对新队员进行入队前培训。大队部对红领巾电视台进行改版时,大队委也能积极献计献策,红领巾电视台设有凤凰花情报局栏目,介绍"历史上的今天""国内外新闻""我们身边的校园新闻";有传统节日介绍栏目,介绍清明节、端午节、中秋节等节日的由来、传说和习俗;还创设了活力秀秀营、班级秀、实小诗词大会、垃圾分类专题等栏目。活动中,从组稿到播出全部由大队委独立完成,辅导员参与其中进行指导、把关,使学生在活动中真正得到了多项能力的锻炼和提高,使电视台活动真正成为他们自主活动的平台。大队委在各自小岗位上各司其职,真正实现了"自己的活动自己搞,自己的阵地自己建,自己的事情自己管"。

【相关报道】

庆祝厦门实验小学第三次少代会
暨第一届少工委成立大会顺利召开

队旗飘扬、歌声缭绕。厦门实验小学 2018 学年少代会从 12 月初拉开帷幕,经过近 1 个月的筹备,在 2018 年 12 月 29 日,"不忘初心 牢记使命 开启新时代少先队新征程"中国少年先锋队厦门实验小学第三次代表大会暨第一届少工委成立大会隆重召开。

筹备初期,我校成立了由学校校长担任组长,学校德育主任、大队辅导员、年段代表等组成的筹备小组。筹备组从方案制定,议程安排,大会宣传,代表邀请,征集红领巾小心愿、红领巾提案和"给未来的自己"的一封信等方面进行了精心的准备和安排。通过各代表团前期对代表们的培训,代表们在队员们中间进行了调研后,进行提案的撰写,撰写提案的过程不仅锻炼了队员们发现问题、提出问题的能力,培养了队员们的主人翁意识,还

开幕式在嘹亮的国歌声中拉开帷幕

体现出学校以学生为主体的教育思想,少先队员们通过参加活动,争做少先队组织的小主人,深刻体会到了作为一名少代会代表的光荣感和责任感。本次大会各位代表团将广大队员关注的问题进行梳理后提出提案,获得点赞数多的提案和小心愿,还被张贴在精美的小心愿板和提案墙上。

红领巾小心愿征集活动

红领巾小提案征集活动

参加开幕式的有正式代表、特邀代表、我校领导、行政、队骨干辅导员和正在收看直播的老师、全体少先队员们及一年级的预备队员们。出席本次大会的领导来宾有：共青团福建省厦门市委常委、组织部部长何艺晖，市委政法委考评处谢森福科长，厦门市教育局德育处郑翔老师。

在开幕式上，三年级代表团的少先队员们进行了精彩的少先队员献

少先队员献词

朗读《写给 2035 年的自己——致未来的一封信》

词,五年级的少先队员代表黄钰棋和大家分享《写给2035年的自己——致未来的一封信》。我校党总支书记何宝群同志为大会致开幕词,预祝大会取得圆满成功。

在正式会议上,我校少先队大队辅导员甘芸萱老师作了题为《不忘初心 牢记使命 开启新时代少先队新征程》的少先队工作报告,回顾了过去一年少先队的工作,并对未来一年少先队工作提出了努力的方向。

校少先队大队辅导员作少先队工作报告

此前,我校少先队向厦门市团委和市少工委递交了《关于召开中国少年先锋队厦门实验小学第三次代表大会暨成立厦门实验小学少先队工作委员会的请示报告》并得到了批复。在会议上,大队辅导员甘芸萱老师宣读了《关于同意召开中国少年先锋队福建省厦门实验小学第三次代表大会的批复》。本次大会还成立了第一届学校少工委,进行了少工委揭牌仪式,选举产生第一届少工委主任、副主任和委员。值得一提的是,我校首届少工委委员中有2位少先队员小委员,希望他们能积极提出合理的小建议,反映小朋友们的小心愿,认真做好少先队的小主人。第一届少工委主任何宝群同志在会上作了讲话,他提到,少先队事业是事关未来的事业,做好少先队工作,需要学校、家庭、社会等各个方面的重视、支持和参与,今后我校少工委将以求真务实的作风,同心协力,为少年儿童积极营造健康的成长环境,相信少工委的成立将促使今后学校少先队工作有指导、有方向、有规范、有特色地发展。

授牌仪式

颁发聘书

　　最后,我校校长助理林卫红老师致大会闭幕词。林助理对新当选的少工委委员表示热烈祝贺,对学校少先队工作给予肯定并寄予厚望,勉励我校少先队在今后的工作中,继续拓宽思路,创新工作,为厦门实验小学少先队工作的优秀传承不懈努力! 她还对少先队员代表提出殷切希望,希望他们不忘初心,牢记使命,做有责任、有担当的新时代好队员!

少代会是少先队员们的舞台,召开少代会对少先队工作的开展有着非常重要的意义。对于少先队员来说,这是一次在民主生活中学习当家做主和培养社会责任心的实践。中国的未来由少年缔造,为了胸前这一抹红色的骄傲与荣光,我们必将不忘初心,牢记使命,不懈努力,奋勇向前,扎实推进少先队工作改革,满怀信心迎接新时代的挑战,努力开创学校少先队工作新局面!

我们,时刻准备着!

第三节　多彩德育课程探索

一、德育课程概述

(一)德育课程的基本定义

课程是为实现各级各类的教育目标而规定的教学科目及它的目的、内容、范围、分量和进程的总和,包括为学生个性的全面发展而营造的学校环境的全部内容,是学校教育内容与学习经验的组织形式。

德育课程是指教育者按照一定的社会或阶级要求,有目的、有计划、有系统地开展德育活动,从而对受教育者施加思想、政治和道德等方面的影响,并通过受教育者积极的认识、体验与践行,以使其形成一定社会与阶级所需要的品德的课程,即教育者为有目的地培养受教育者品德而专门设置的课程。

德育课程的目标可以分为每门课程的总目标和情感态度价值观、能力、知识等方面的分目标,并随学段不同而有区别。

(二)德育课程的基本内容

德育课程首先需要定位准确,这样才有方向性和目的性。不可改变的是,我国的德育课程定位指向非常明确,就是突出立德树人的课程最高原则,强调品德和价值观教育。

学生的认知发展和道德形成呈螺旋式上升和渐进反复的态势。从学生年龄方面考虑，大、中、小学生之间学生的身心发展、思想道德水平、对德育的接受性和接受过程在不同教育阶段存在差异，不同教育阶段的德育目标、内容、方法、途径、管理、评价等方面也存在差异。从国家层面看，需要制订一体化的、层次分明的、统一协调的大中小学德育课课程标准，准确把握不同学段德育课程定位，厘清教学目标，科学设计教学内容，形成完整课程体系，从而避免大中小学德育课程内容的重复。

根据人的全面发展理论，可以把政治教育、思想教育、道德教育、法律教育和心理教育组合成一个完整的德育课程内容体系。

依据受教育者身心发展的阶段性特点，不同教育阶段的重点教育内容不同。作为以小学生为教育对象的学校来说，德育课程的内容主要以培养人的道德品质（诚实、勇敢、宽容、善良、助人、自律、守信、自爱等）和良好行为习惯（含学习习惯和生活习惯，有机结合爱国主义、集体主义等方面的内容礼仪为重点）。

在坚持正确的思想导向的前提下，强调德育课程内容应联系生活实际，引导学生自主学习，将更多的注意力放在学生的情感体验和道德实践上。

除了考虑学生年龄特征以外，选取德育课程内容还应充分考虑到地域性，不同地域的德育内容有不同的侧重点，不同地域的文化又蕴含着不同的教育寓意。故而要善于挖掘地方德育资源，因地制宜地将其纳入德育课程的内容之中。

（三）德育课程开发的基本原则

1.生活化原则

学生品德的形成源于他们对生活的体验、认识和感悟，德育课程开发应遵循不同阶段学生生活的逻辑，以学生的现实生活为主要源泉，以密切联系学生生活的主题活动为载体。既有学生所处社会生活特征，又要力戒把成人的生活体验强加到学生身上。

2.综合化原则

任何一项活动的价值都可以是综合的、多重的，德育活动尤甚，故而德育课程开发尽量避免目的、价值单一，要力求体现多重价值，整合多种学科内容。既可包含品德教育方面的内容，还可综合科学教育、社会文化教育等多方面的内容。

3.生本性原则

德育课程的对象是学生,就要充分发挥学生的主观能动性,高度信任学生,尊重学生,引领学生。课程内容要根据学生年龄特征,从学生成长、发展与生活实际出发,从学生思想品德发展的现状、问题和需要出发,尊重学生已有的生活经验,为学生发展留足空间。

4.实践性原则

课程开发应避免说教和理论灌输,学生的思想品德是在活动与交往中形成的,没有活动和实践就没有品德形成的扎实基础,要把认识变为实践,变成学生的品德表现,在活动、实践中逐步形成和巩固良好的品德表现、道德行为规范,促进品德表现适应社会,更好地促使学生体验社会、了解社会,也能达到其发扬优点、扬长避短的目的。

5.开放性原则

课程开发不要局限在校园内、教科书中,要面向学生逐步扩展的整个生活世界,从封闭的校园扩展到校外,从单纯的教科书扩展到所有对学生有意义、有兴趣的题材。

(四)德育课程的实施

课程实施是实现预期课程理想的手段,现行德育课程为增强德育的针对性、主动性和实效性,在实施中改变原有以灌输为主的教育方式,力图在以下几个方面加以实施。

1.强调德育的实践性、活动性

学生的思想品德是在生活中通过实践活动逐步形成的,课程目标主要是通过教师指导下的各种教学活动来实现的,活动构成了教师教和学生学的共同中介。德育的实践性和生活性使得学生的各种道德理念、行为准则都在原汁原味的现实生活中得到实践检验、矫正,因此,在他们以后的社会生活中可以得到最充分的运用。

2.强调学生的主动性、参与性

表现自我和引起别人重视无疑是学生正常的心理需要,而现在学校的德育工作方式大多仍是保姆式、包办式、灌输式,使得学生在德育工作中的主体地位得不到发挥,学生主动参与的积极性低。活动是形成思想品德的主要途径,其本质特点在于活动能够激发学生的兴趣,引发学生主动参与。另外,让学生参与班级的管理,运用激励机制等都有利于改变学生在德育中的被动地位。

3.强调学生的情感性、体验性

道德行为在本质上讲是一种情感活动过程。道德情感具有感染、弥散、激励和动力等功能，而学生道德情感的获得是通过参与活动完成的。要有意识地营造形象生动的教学情境和富有感染力的氛围，触动学生的情感，调动学生的主动性，使之积极体验，在情感上予以陶冶和提升，并在产生一定的情感体验过程中不知不觉接受其中的道德知识。

（五）德育课程的评价

课程评价对课程实施起着导向和质量监督作用。现行德育课程在评价方面，呈现出评价目的的发展性、评价内容的全面性、评价主体的多元性、评价方法的多样性等特点。

1.评价目的的发展性

德育课程丰富的内涵对学生思想品德的影响是深远的，德育课程目的的评价是德育课程评价的一个重要因素，它决定了德育课程评价的标准以及进行德育评价的内容、方式等。对一门德育课程，是否有价值，是否有利于学生发展，蓄积正能量，与它最初所确定的课程目标是否合适关系密切。因此，对德育课程的目的而言，不是着眼于检查、筛选、鉴定学生思想品德形成和发展过程在其群体中所处的位置，而是要以更好地促进学生的发展为根本目标，以合适的内容、方式和教育方法，让学生在现有的基础上取得实实在在的发展。

2.评价内容的全面性

德育课程的内容，是与教育发展的功能和目标相一致的。传统的德育课程评价范围是比较狭窄的，只注重对一个或几个方面发展情况的评价，容易对学生德育发展产生错误导向。当今德育以立德树人为根本任务，以培养社会主义核心价值观为基本内容，全面关注学生各方面活动和发展状况。德育课程在内容上就要从单纯注重传授学生知识向强调学生全面发展，关注学生创新精神和实践能力发展，以及良好的心理素质、浓厚的学习兴趣、积极的情感体验、向上的精神风貌和文明的行为习惯转变。

3.评价主体的多元性

传统评价普遍都是教师评价学生这一单向、单一评价模式，这样的评价模式往往使得信息来源单一，评价结果含有评价者的情感因素，带有主观性、片面性。现行德育课程评价中，尤其需要尊重学生的主体地位，关注学生发展的不同需求和个体差异，除了教师评价学生外，还需指导学生开展自我评价和成员之间互相评价,促使学生自我完善、自我修正,发现别人的长处和自身的优缺点,使评价成为自我反思、相互交流、共同提高的过程,同时也培养了学生的参与意识、责任意识和公平公正的评价态度。

4.评价方法的多样性

传统德育评价注重客观化、量化,这样容易把复杂的德育现象僵化、简单化和表面化,德育课程内容也往往会走向单一,丢失了在教育中最有意义、最根本的内容。实际上,记录评价、表现评价、行为观察等多种评价方法相结合才是应该大力倡导的评价方法,当然,其中也并不排除量化的方法。实际上,各种评价方法有各自不同的评价优势和相对不足,需要根据实际情况因地制宜地采取相应的评价方法。

二、多彩德育课程

基于多彩教育哲学,我校形成了"让美好童年绚烂多彩"的课程理念,从德育课程自身特点出发,结合学校特点,构建了"凤凰花课程"的模式。"凤凰花课程"注重以多彩课程培育人,让学生走进校园,智慧在这里生长,生命在这里绽放,给他们一个最难忘的童年,帮助学生在读好书的同时,也能走好路、做好人,激发人人出彩、个个精彩的强大正能量。

童年是多彩的,不应该只有考试,应该发展多元智能。学校应该提供尽可能多的选择,让孩子去经历和感受,帮助他们发现自己的兴趣和爱好。希望我们的校园教育是多彩的,能够助力孩子快乐成长,做到人人出彩、个个精彩。我校"凤凰花课程"新模式能有效整合学校、家庭、社会教育资源,构建起立体交互式的德育工作体系,形成德育课程、学科课程、传统文化课程和实践活动课程"四位一体"的课程实施新格局,旨在培养全面发展的人才,让学生们人人都得到最好的发展。

我校德育工作立足于学校实际和学生成长的需要,积极寻求学校德育工作创新的生长点和突破口,充分发挥课程建设在学校德育工作中的重要功能,尤其是进一步加强以活动育人课程为主的德育类校本课程建设与实施,充分发挥德育课堂主渠道的作用,注重学生的情感体验和道德实践,开发建设丰富多彩的活动育人课程,构建了"实小人"德育综合活动的拓展课程。因为我们深知,德育需要载体,只有在活动过程中,才能实施有效德育。

在德育综合课程的建设上,我校注重把课程与学生的生活相联系,重视学生的德育实践活动,以道德实践为载体,重视德育生活化,重视探究性学习，进行学校德育综合活动课程体系的整体规划，按照课程理念进行更为系统化、科学化的整合，创生出具有地域学校特色的拓展课程，设计符合学生趣味、能体现学生个性需求的德育课程，让活动更有系统性，更具针对性，以更加科学、合理地推进德育课程化进程，并重点探索构建科学有效的评价机制，促使学生通过体验和内省来实现自我教育和自我完善，有效促进学生道德认知向道德行为的转化，成长为阳光、自信、文明、向上的实小人，使学校的德育课程更有实效性。

我校德育综合活动的拓展课程在构建上能有效整合学校、家庭、社会的教育资源，积极建立学校、家庭、社会协同推进的工作机制，进一步精心设计富有时代意义的教育活动，不断推进学生主体性发展道德的实践，促进德育主体良性发展。我校德育综合活动的拓展课程具体有礼仪教育课程、新生与毕业班教育课程、劳动教育课程、安全教育课程、国防教育课程、假日小队活动课程和研学交流课程等，致力于更好地促进学生综合素养的全面提升。

（一）礼仪教育课程

礼仪，是一个人一生中最重要的课程，是德育的根本。在礼仪教育中，学校以生为本，根据各年龄段学生的特点，积极遵循螺旋上升的原则，开展贴近实际、贴近生活、贴近学生的活动，唤醒学生的主体意识，激发学生的道德内驱力，引导学生走向主体自律，养成讲礼仪的好习惯，完成个体品德的自我建构与"内生"过程，促进学生德性的发展。

我校把文明美德教育活动与学校的常规教育及相关的主题教育活动有机结合，根据学段特点，开发、设计贴合学生实际和人才需求的礼仪培训课程，教育学生学礼、尚礼、知礼、守礼。利用班队会课，对学生进行坐、立、行、敬好队礼、戴好红领巾等个人形体礼仪训练，还进行日常生活礼仪训练。组建班级、年级和校级三级礼仪队，进行中厅礼仪队和迎宾礼仪队的培训，邀请校礼仪培训师从"坐姿礼仪、行姿礼仪、挥手礼仪、鞠躬礼仪、握手礼仪、递物礼仪"等方面对校级礼仪队进行多次集中培训，再面向全校师生开展专场展演活动，有效激励学生在榜样的正确示范下，自觉提升个人的礼仪修养。组建校"双语小导游"礼仪队，开展实战演练，实地培训，让"双语小导游"礼仪队在迎接莅校参观的国内外友人时，能用得体大方、阳光向上的礼仪，尽情展现少年儿童的风采。通过学校生活礼仪、社交礼仪、公共场所礼仪等的学习，使学生人人用美的标准来约束自己的行为，争做一名懂文明、知礼仪的好学生,初步打下"做人"的基础,切实提高学生的文明礼仪程度。学校开展"改不良习惯 当文明使者""文明美德伴我成长""文明美德在我心中""让课间文明起来""做最美实小人""扬文明风尚 展美丽风采"等教育活动。组建年级文明督导队,并在升旗仪式上为文明督导员颁徽章,树立荣誉感。定期召开文明督导员会议,要求各督导队员分班、分区域、分时段认真检查、督导,并做好记录,及时跟班主任反馈检查情况。全校大会和年段集会上,请督导员对督导情况进行点评。班主任用心指导学生"人手一件宝",文明进行课间活动。"国旗下讲话"进行图书漂流的文明指导,做到能安静看书,做有意义的游戏,让课间动静有序,促进良好校风的形成。借助我校校庆日这个教育契机,四、五、六年级组建了校园小小宣讲队,在国旗下分别向全体师生讲校史、讲校友、讲身边人,激励实小人用实际行动践行"诚、勤、毅、创"的校训。邀请部队军官进校对学生进行军姿、队列礼仪等训练,不仅让学生感受军人的风采和情怀,学习军人的严明纪律,更磨炼了学生的意志,让他们更有精气神,以最佳的状态去克服学习和生活上的种种困难。积极开展冬令营礼仪课程的培训。加强学生个人形象礼仪、家庭礼仪、公共礼仪等方面的培训,给予学生正确的礼仪示范,培育知规范、懂礼仪的实小人。

作为全市唯一参与金砖各国元首政要接机迎宾服务的小学,我校精心

宣讲队进行校史宣讲

部队军官进校训练

挑选了 21 名学生在机场承担各国元首、政要的献花任务，10 名学生在闽南大戏院承担各国元首、政要的导引任务，先后到厦航培训中心接受培训，在市小白鹭歌舞团、市"外办"礼宾部、市闽南大戏院等地，由外交部礼宾司工作人员组织，开展多次集训及全要素演练。经过了将近一个月的高要求、高规格、高强度的训练，这一批导引的孩子不仅学会了外事场合礼仪、礼节，同时也熟记了引领对象的国别、国旗和相貌，熟练使用中、外文礼貌用

在厦航培训中心的模拟舱进行练习

语,圆满完成礼宾服务,得到金砖会晤礼宾保障部的高度赞誉。学校还让参与金砖活动机场献花和闽南大戏院导引的礼仪小使者发挥示范作用,当好小小礼仪培训师,在班级、年段开展礼仪培训工作。我校还以假日小队为主要活动载体,积极组织学生通过进社区做小义工、写春联、慰问孤寡老人等活动,指导学生进行礼仪践行,进一步引导学生用文明的言行和满满的善心传播、实践文明礼仪,切实提高学生内在修养和文明素质,引导他们成为一个独立的、有责任的、有担当的社会小公民。

迎宾导引现场

学校还积极引领家长们参与礼仪教育,面向全体家长开展"礼仪,从家庭教育开始""家校共育,提升学生的礼仪修养"等主题的家教讲座。

礼仪培训师与家长互动

礼仪培训师与家长互动

在"故事爸爸（妈妈）进课堂"校本课程教学中，家长走进课堂为学生介绍、讲解各种各样的知识，有关于歌仔戏等闽南文化的，有关于中华民族传统美德教育的小故事，有关于文明礼仪方面的训练的，还有与生活息息相关的一些关于安全用电的常识和生活技能的讲解……学生在这个校本课程的学习中，获得了许多书本上学不到的知识和体验，他们的视野更开阔了，学力也得到了提高。

故事爸爸（妈妈）进课堂

　　同时，我校还不断探索有效的社区教育模式，以活动为载体，把礼仪的教育向家庭、社区(大楼、大院)、社会延伸，通过学校、社区和家庭的共同携手，营造良好的育人环境，让学生在活动中不断感悟内涵，不断进步，努力把文明内化和外化为自觉的行为，进行品德自我建构，培育学生的文明素养。针对当前学生居住相对集中的状况，我校开展了"争当大楼(院)里的好孩子"活动，表彰了一批在社区表现好的"社区好孩子"，将好孩子的事迹张贴在中厅，选登在校报，期末把喜报发到学生家长手中，使文明礼仪之风吹遍家庭、校园和社会各个角落。我校还走进社区举行新队员的入队仪式，学生在自己家门口受到表彰，在家长面前光荣加入少先队并戴上红领巾，增加了学生的自信心和自豪感。这种德育工作是将文明教育延伸到社区、延伸到学生生活的环境中，家、校、社携手共创良好育人环境的最好体现。

开展"争当社区里的好孩子"活动

(二)新生与毕业班教育课程

　　教育孩子的治本之道就是养成教育。良好的习惯必须从小抓起，我校在养成教育上遵循规范化、具体化、序列化原则，开设新生与毕业班幼小衔接和小升初拓展教育课程，使养成教育真正落到实处。

　　在一年级新生入学前，我校就通过微信群设计发布《一年级新生入学指南》，从"爱——美丽校园""知——文明礼仪""养——良好习惯""记——安全知识""备——上学物品"五大方面对新生家长进行指导；开展为期三天的新生训练，召开家长会，分发《给家长的一封信》，使之成为一个完整的

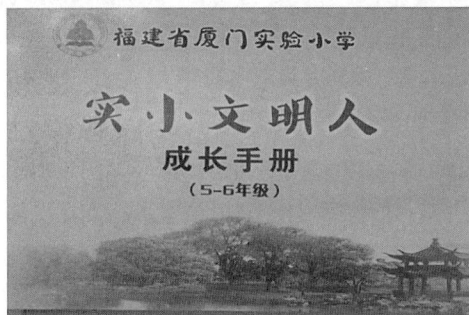

《实小文明人成长手册》(低、中、高三册)

新生教育课程，在课程引领下，家长与学校共同做好学习习惯、生活习惯和劳动习惯的培养，旨在使家长初步树立正确的育儿观，懂得在家庭教育上，家长对孩子的教育不只是停留在要求孩子掌握多方面的知识，而是要注重孩子的养成教育；采取相应教育对策，要懂得在教育中注意多一点放手，少一点包办，为学生顺利做好幼小衔接打好心理基础，为后续的家校教育奠定坚实的基础。同时，利用新队员入队的教育契机，积极指导新队员进行入队申请的指导，让新队员在入队申请过程中心中有目标，有进取的决心

开展新生训练

和行动，人人成为讲礼仪的好孩子。在新队员的入队仪式上由家长为孩子

佩戴红领巾,有家长、老师、同学共同见证的入队仪式,相信对孩子们的影响会是深远的。

与此同时,学校还很注重毕业班教育,设计毕业班教育课程,在课程安排上,主要是积极召开毕业班家长会,邀请专家做讲座,引导家长树立正确的家庭教育理念,共同携手做好孩子的小升初教育。积极开展毕业季系列活动——"老师我爱你"征文比赛,"我心中最美的你"同学感言卡,"发现最好的自己"小报展、"晒晒我们班"广播会等,丰富多彩的感恩活动,滋润着学生的心田,提升了毕业班学生感恩之心,树立爱校情怀,引导学生在毕业之际,用自己的文明言行为母校增添光彩。班主任给学生写毕业寄语,启动"毕业季"教育活动,指导学生设计"我的毕业梦"近期的奋斗目标,年段选择优秀的作品布置展板,在校报以"莘莘学子,凤凰花开"为题进行登载。和家长一道,认真引导学生学会写毕业留言,指导学生回忆成长的点滴,在毕业之际,写下对伙伴、对老师的爱,学会感恩;邀请往届优秀毕业生莅校为毕业班学生讲述自己成长的故事,以优秀毕业生为榜样,引导学生人人争当最美毕业生;对毕业班全体毕业班学生做"做一名合格的毕业生"的讲座,做"中学遐想——心理的过渡"毕业班团体辅导。同时,把"梦想从这里起航"为主题的毕业典礼作为毕业班的重头戏,引领学生放飞梦想,激励学生从学校起航,铭记"今日我以实小为荣,明日实小以我为荣",秉承着"诚、勤、毅、创"的校训,迈向人生的另一个阶段。

毕业生向学校赠送礼物

（三）劳动教育课程

我校开展学生劳动技能培养的目的是让学生在劳动实践中去经历劳动的艰辛，培育劳动能力。学校有序地根据各段学生的劳动教育要求，进行设计，在劳动课程的设置上，低年级主要是安排一些力所能及的自我服务劳动。通过自我服务劳动和其他劳动项目的训练和实践，使学生认识劳动光荣，初步培养学生爱劳动的观念，争做爱劳动的好孩子。中高段主要是进行家务劳动的培养，使其懂得用自己的劳动创造美好生活。

学校积极引导各班主任老师以劳动教育为主，打造特色劳动班级，如有的班级开展"当家一周""当家一餐"等活动，鼓励学生在家尝试做一些简单的饭菜，专门指导学生进行劳动技能的培养。同时，举行"当家一餐"的班会课，学生就把锅碗瓢盆儿带到了课堂上，在老师、家长和同学们面前一展厨艺，通过课堂上的动手操作，让学生在集体的氛围中更多地体验劳动带来的乐趣。利用寒暑假，布置《寒假男生、女生十项任务表》，家校配合引导适当参与家务劳动，一、二年级学会洗衣服、扫地板、整理小天地，女同学会自己梳头；三到六年级学习帮助家长做力所能及的家务事，学会洗衣服、叠被子、扫地、拖地板等。期初给学生搭建一个充分展示、交流实践的活动平台，各班开展劳动技能的评比活动，评选出"劳动之星"。以主题教育活动为契机，进一步加强学生的劳动实践。如在"六一"这个属于学生的节日中，开展创意设计、动手实践和爱心义卖活动，让学生通过劳动技能闯关等

系鞋带大比拼

多种形式的活动锻炼动手能力。各年级根据本年级孩子的特点精心设计了不同的劳动实践项目,低年级注重生活自理能力方面的培养,因此设计了如"开收雨伞、系鞋带、缝纽扣、脱穿衣服、系红领巾"等劳动项目实践,开展了"劳动技能大闯关"活动;中高年级则侧重于家务劳动技能方面的培养,主要开展了"创意美食制作"的劳动实践活动,学生的劳动成果还可以作为义卖物品进行出售,为募集善款贡献一份力量。不仅提高了学生的劳动实践能力,更让他们体会到了劳动创造价值,

在"缝纽扣"闯关活动中露一手

爱心力量无限的意义,让他们充分感受到了奉献和给予的快乐。活动在《厦门日报》《海西晨报》等报刊上被报道。

六一义卖现场

学校还充分利用劳动教育实践基地、综合实践基地和其他社会资源，组织学生到厦门市德育基地——竹坝农场开展劳动训练，学生在竹坝农场进行劳作体验，动手制作台湾环保手工香皂和美味意式比萨，下田地摘花生……这些体验活动，有效提高了学生的劳动能力。

在竹坝农场体验

（四）安全教育课程

我校利用社会资源，积极打造富有特色的安全教育课程，营造了人人懂安全、人人关心安全、人人维护学校安全的良好氛围。我校利用国旗下的讲话、班级黑板报、宣传橱窗等宣传安全知识，利用红领巾电视台播放安全教育片，LED 大型显示屏和楼道电视墙滚动播放安全宣传标语；放假前各班都要进行假期安全教育；还开展防溺水"六不"承诺签名活动。防灾安全疏散演练等安全教育活动；认真组织"开学安全第一课"主题教育，从交通、食品、消防、防溺水等方面，为师生作生动的安全教育；积极开展以"崇尚科学，远离邪教，健康生活"为主题的防范邪教宣传月活动。

校内坚持开展"童眼查隐患"活动，组织家长、学生一起排查各类安全隐患，学生、家长合作完成"家庭防火灾疏散方案"，学生、家长共同参与"福建省网络安全知识竞赛"活动，参赛率居全市前茅。组织家长和学生共同接受安全与文明教育，收看安全教育录像片，巩固安全知识和自救自护知识。开展了"专业人员进校讲安全"系列活动：邀请被国家公安部评为"全国最美警察"，市交通广播电台周四《交警大刘在线》节目主持人，市公安局湖里分局交警大队民警刘毅莅校为全校师生做交通安全教育的宣讲；邀请市思明分局巡特警反恐大队刘永林队长莅校，国旗下做"小学生安全防范"的讲话；邀请海事局许玉付同志莅校开展"水上平安交通 安全伴我成长"专题讲座，提高孩子自护能力；邀请厦门思明区巡特警队长刘海洋结合巴黎恐怖袭击，为学生上了一堂震撼人心的安全教育课；邀请市出入境检验检疫局技术中心食品理化室副主任徐敦明博士做讲座。学生参与有趣的猜谜活动和有奖知识问答，形象生动的讲座和丰富的活动内容，让学生学到了许多课堂学不到的知识，掌握了许多食品安全知识。通过各种特色教育活动，提高了广大师生的安全意识、安全防范能力和自我保护能力。

开展灭火培训

开展"安全技能助力成长"为主题的冬令营活动，通过参观、听讲座和模拟演练等活动，对学生进行消防、溺水救护和网络安全等教育，进一步提升学生自护意识和自护能力，让安全伴随学生幸福成长。

（五）国防教育课程

举办国防军事夏令营活动是我校的优良传统，从 1998 年至今，我校把国防教育纳入德育课程，进一步落实课程计划，每年都坚持举行国防军事

开展安全疏散演练活动

夏令营。我校的国防教育,以形式多样的教育活动为载体,做到三个结合:与学校主题教育活动相结合;与学校学科教学相结合;与社会实践活动相结合;在内容及形式上,不断向纵深发展,逐步深入到每一个学生的内心和生活中,受到了学生的喜爱。通过一系列主题教育活动和国防教育课程,学生掌握了国防基本常识,对国家及主权有了清晰的认识,对我国的抗日战争、解放战争等战争历史有了初步的了解,对革命烈士和民族英雄有了基本的印象。

我校的国防教育工作得到了某集团军修理营、电子对抗团、通讯团和导弹团等部队的大力支持。部队领导亲力亲为,精心策划、周密布置,科学安排,充分体现了中国军人保障有力、作风过硬的精神。学校领导高度重视,1～6年级的全体学生在期末考试结束后就立刻深入到部队进行为期三至四天的夏令营生活。学生在火热的七月,全员参与,走进绿色军营军训,学习解放军战士为了保家卫国而刻苦训练的精神,同时也从教官们一丝不苟的严格要求及无私的付出中,深刻意识到解放军叔叔是祖国最可爱的人,他们在绿色军营中锻炼了自理能力,磨炼了意志品质,提高了综合素质。在国防教育夏令营中,学生愈加感受到我国国防力量的日益强大,学习了解放军战士雷厉风行的作风,学会了自理自立,培养了一定的刻苦耐劳的品德,同时也初步掌握了野外生存和医疗救护的基本军事技能和常识。

观看教官军姿展示

观看教官军姿展示

（六）假日小队活动课程

我校以假日小队为主要的活动载体，依靠家长的力量，集思广益，积极开发课外教育资源，在假日小队活动课程中，充分考虑到家长在不同的部门工作，有着丰富的教育优势的特点，让来自不同工作单位、具有不同社会资源的家长一起行动起来，构建以社会教育为依托的"三位一体"德育教育

认真操练

网络，家庭教育与学校教育相互配合、相互支持、相互促进，广泛挖掘精彩的德育资源，打造广阔的教育时空，拓宽学生丰富的学习渠道。通过体验式教育等途径，使学生在体验式的课程中获得成长。

我校引导各假日小队遵循"安全、有趣、有意义"的活动原则，坚持有趣性、实践性、激励性，学校积极指导家长从活动成效出发，充分发挥自身优势，广泛挖掘社会资源，精心设计形式多样、内容丰富的活动。家长在每学期期初认真规划好假日小队活动的主题、活动的时间安排和活动的次数，使活动的目的性更加明确。在活动内容的设计上，各班家委会一同商讨活动方案，共同挖掘资源，融德育教育、学习知识于有趣、有益的活动中。学校还不断完善学校与社区相互指导和支持机制，与虎溪、溪岸社区的领导签订"美丽厦门 共同缔造"行动协议，将假日小队活动与"厦门实小文明小白鹭"志愿服务队有机结合，开展"小手拉大手"活动，家校携手引领学生深入社区，到社区开展关爱他人、关爱社会、关爱自然的志愿服务活动，大力弘扬"奉献、友爱、互助、进步"的志愿精神，如二年2班的爱心小队走进虎溪社区困难家庭，慰问"三无"老人；五年3班的假日小队走进四年级困难学生林雅婷家庭进行帮扶……各假日小队还开展"社区小义工"活动，让学生到图书馆当志愿者，参与社区清洁卫生工作；开展"垃圾分类""地球熄灯一小时"小小志愿者的宣传活动；走进孤寡老人家中或到孤儿院，做"爱心小天使";走进公园,开展"太阳花爱心义卖"活动……在家长的全力支持下,学生在学校生活之外,深入社会实践,亲身参与实践活动,在活动中学习技能、学会交往、学会感恩,更学会付出,进而陶冶学生的高尚情操,"奉献、友爱、互助、进步"的志愿精神深深植入学生的幼小心灵,社会责任意识和中华民族的传统美德也在学生心中生根发芽,不断促进学生的全面发展。

开展假日小队活动

开展假日小队活动

（七）研学交流课程

我校积极响应教育部等 11 个部门《关于推进中小学生研学旅行的意见》，开设研学交流课程，"行走在路上的课程"已然成为我校"多彩教育"办学理念下的重要课程组成部分。

研学交流课程，顾名思义，就是以旅行为载体，以体验为方式，有效提升学生的综合素质。我校把研学旅行纳入学校教育教学计划，与综合实践活动课程统筹考虑，本着教育性、实践性、安全性的原则，结合学生身心特点、接受能力和实际需要，注重尊重个性差异、鼓励多元发展，精心设计研学旅行活动课程，引领学生走进农场了解植物昆虫，培养对大自然的热爱之情；了解传统农业种植耕作，学习蔬菜种植，提高生活能力。在诚毅科技馆探索未来，激发创想，动手创造，培养创新精神和包容互助的团队协作能力。参观厦门古龙酱文化园，体验农活，进行南洋风味糕点制作等，不断提高学生的动手能力和创新能力，增强学生的劳动意识，培养学生艰苦奋斗的精神。开展"2018 融媒体小记者研学夏令营"活动。走进厦门日报社，学习新闻生产的过程，感受融媒体发展的魅力；参观厦门晚报编辑校对平台、厦门日报社新媒体中心、印刷博物馆及报社书画院，从古老的活字印刷术，到近现代的胶版印刷术；从传统的报纸阅读，到酷炫的融媒体传播……丰富多彩的体验活动使学生大开眼界，他们在体验中亲身经历、在体验中开阔视野，在实践中学习成长。

我校积极组织春、秋游，坚持把冬、夏令营活动和春□游活动列入课程计划，组织学生进行社会实践锻炼活动，积极引导学□□□□，让学生在活动中拓宽视野、丰富知识、了解社会、亲近自然、□□□□□学生的社会实践能力，为学生全面发展提供良好成长□□□□□□□和践行社会主义核心价值观。

我校与国内的一些学校进行研学交流，如与新疆阜康实□□学、河南省实验小学等结成友好单位，定期组织师生互访、交流等活动，既开拓了学生的视野，增长了学生的知识，更提高了学生的文明素养。如我校和河南省实验学校两所联谊校基于"一切从学生出发，促进学生全面发展"的教育理念开展体验教育活动。在赴河南省的文化之旅中，两校孩子游历了登封、洛阳、开封和郑州的名胜古迹，观登封嵩山少林寺，目睹了少林武功的精湛演出，访嵩阳书院，瞻仰了洛阳龙门石窟的雄伟与气派，近距离感受中原文化的厚重与博大。学生还深入体验河南当地的生活，进行地质考察、学炒菜、拉面条、做糕点、品美食、骑马等。通过参与实践体验活动,学生在体验之旅中,加深了对中原文化和闽南文化之间差异的了解和认识。在互动和交往中,学生愈加懂得只有文明、得体的言行才能与伙伴友好相处并培植友谊。

河南研学之行

我校与台湾中正小学结成姐妹校,和新加坡南洋小学及励众小学经常开展艺术、文化上的互动交流,学校积极教育学生在外出学习与交流中做一个现代文明人,尽显实小人的文明素质。新加坡励众小学与我校已有多年的情谊,互访不断,交流往来频繁,我校师生在暑期赴新加坡游学,学生欣赏了风格迥异的新加坡美丽风景,体验了丰富多彩的新加坡学习生活,感受到不一般的课堂与办学理念,他们不仅深深体验了新加坡这个国家的迷人魅力,了解了不同国度的文化,更得到了别样的收获。

我校每年暑假还组织部分学生远赴澳大利亚开展为期 7 天的研学旅行。学生在墨尔本参观企鹅岛、圣保罗大教堂、库克船长小屋,初步了解了澳洲的历史与文化;游览了皇家植物园,认识了不少澳大利亚本土特有的植物。还先后访问澳大利亚首都堪培拉 Kingsford Smith School(小学初中),蜚声海内外的堪培拉文法学校和澳大利亚排名第一、世界排名前二十位的澳大利亚国立大学。7 天的研学旅行,是学生开阔眼界、增长见识的学习之旅,更是学生独立自主、团结协作的成长之旅。

寒假则组织学生到伦敦 Warren Road Primary School(沃伦路小学)和

新加坡研学活动

澳大利亚研学交流活动

海威小学两所友好学校，进行深入课堂的研学交流，让学生真正体验英式教学。在沃伦路小学和海威小学研学的几天时间里，师生们手拉手，开展了各种各样的活动。学生分组分别到不同年级不同班级上课，与手拉手小伙伴见面、结对子，随后，在手拉手小伙伴的带领下参观校园。我校学生还和英国的小伙伴一起走进课堂,随班上课,参加各种教学活动,体验英国的课堂教学,感受不同的学习方式。

英国研学交流活动

总之,我校开展的研究性学习和旅行体验相结合的校外教育活动,是学校教育和校外教育衔接的创新形式,是教育教学的重要内容,是综合实践育人的有效途径。学生参加研学旅行活动后,不仅收获了友谊,更收获了成长。

第四节　多彩德育评价体系的构建

德育评价是德育管理的重要手段。要抓好学校德育管理,必须构建好学校德育评价体系。在德育评价体系中,学生德育评价显得尤为重要。德育评价体系的多元化体现在德育评价主体、德育评价手段、德育评价内容上。我校在德育工作中坚持以人为本的学生素质评价观念,以激励人心的自主教育为抓手,关注德育主体的内在生成性,从学生发展中的需求出发,注重调动学生的主体性与能动性,不断完善促进学生发展的评价机制。坚持"评价主体多元化、评价内容科学化、评价方法多样化、评价过程动态化"的原则,从学生的思想品质、道德行为、个性心理品质等方面的实际出发,侧重于学生个体的道德发展,加强定性和定量分析,为学生素质发展提供公正、平等、民主的发展环境,较为全面、科学地评价学生,帮助学生认识自我,建立自信,激发其内在发展的动力,有效地培养学生自我认识和自我教育的能力,增强学生的道德自我发展的能力,养成良好的道德品质。

一、注重激励评价,搭建展示平台

德育工作注重主体性,注重让激励性评价机制唤醒学生的自我意识。我校充分挖掘学生身边的典型,弘扬身边的好人好事,树立典型,并搭建展示的平台,让良性、向上的评价机制引领全体学生崇尚美的德行,促使他们在美德中修身、修心,健康成长。

例如,我校进一步改革升旗仪式的形式,让具有某一方面特长,而且品德高尚、学习认真、乐于服务的最美实小人承担升旗手任务,在升旗时由主持人介绍事迹,成为全校学生学习的榜样,有效激发全体少先队员的荣誉感和升护旗手的荣誉感。利用每班轮值当家一周,坚持从当家一周的班级中选出 10 名服务之星并进行授牌,不仅进行小干部的培养,更是激励全体学生用心做好班级和学校管理的各项工作。学校、年段、各班积极开展"文明美德之星""课间文明之星""进步之星""劳动小能手""小雷锋奖"等评比活动,把他们的照片和事迹张贴在宣传栏,并推荐好人好事和先进事迹,利用每月一次的年段大会,为学生创设展示自我、肯定自我的平台,以此激励学生努力向上,勤奋学习。学校开展"最美实小人"的评选活动,寻找校园中最美的身影,挖掘身边熟悉的感人事迹,利用红领巾电视台拍摄"最美实小人"节目,节目形式多样,有采访学校领导,采访老师学生,或是进行最美实小人事迹的播放,帮助学生深刻理解校训"诚、勤、毅、创"的内涵。

德育评价的过程还注重从"行"抓起,形成德育评价良性机制的运行。让新队员写入队申请书,就是有效的教育方式。在新队员入队时,我校给每位新队员一份《入队申请书》,引导学生对照要求,只要达到要求,就可以自愿提出申请,由班主任老师组织学生评议,家长反馈,年段把关,最后由大队部审批。这样的评议过程,主要是积极引导学生明确作为一名小学生应具备的常规要求,树立规则意识,并为之而努力。同时,还走进社区举行新队员的入队仪式,由新队员的家长为他们佩戴红领巾,新队员们在队旗下进行庄严宣誓。学生在自己的家门口受到表彰,在家长面前光荣加入少先队员并戴上红领巾,这增加了学生的自信心和自豪感。

【相关报道】

热烈祝贺厦门实验小学黄禹尘同学
获得首届福建省"最美学生"

2017年省教育厅于全省范围内组织开展了寻访身边"最美学生"活动,最终我市10名学生获评首届福建省"最美学生",其中小学生4名,而原我校(现就读于厦门一中)的黄禹尘同学就是其中一名。

为宣传"最美学生"先进事迹,号召全市学生向身边的榜样学习,2018年3月30日在厦门一中千人礼堂召开了"最美学生"颁奖仪式(中小学生)及事迹巡讲会。黄禹尘同学也作为代表作事迹报告。

人物事迹:

他是思维创新、勇于挑战的"科技小达人"。从小就对各种科学知识充满了好奇心和求知欲,对机器人设计及计算机编程等项目极其热爱。2015年,年仅10岁的他是计算机软、硬件"双料"并进,在先后获得全市中小学生计算机编程竞赛和省、市青少年电脑机器人竞赛一等奖后,又以全国赛一等奖的成绩被选拔参加了在澳洲举办的国际赛事,最终荣获第七名,展现了中国小学生科技创新的实力。

"科技小达人"在音乐方面和魔方界也小有成绩。他先是带着打击乐

器"巴林马"，多次在省内及国内的比赛中获奖；后又带着魔方先后四次打破"五魔方"项目的国内纪录，并摘取了亚洲魔方赛的桂冠。

黄禹尘同学现已升至厦门一中就读，但他仍是学弟学妹们的榜样，也期待着今后我们的校园中涌现出越来越多的"最美学生"。

二、实行多元评价，促进自主教育

在德育工作中，我校积极构建多元化、多角度、易操作的学生德育评价体系，通过创设多元化评价体系，给予学生成长的平台，推动学生自我成长，让学生充分享受自主教育、自我成长的快乐，促进学生主动发展。

我校积极开展班级、年段、德育处三个层级的评比机制。如在课间活动中，各班设立相关的管理制度，引导学生制定班级的课间文明活动公约，同时，设立课间文明管理员，负责把班级课间活动表现好的学生名单记下来，也把表现差的学生名单记下来，班级再利用晨会课及时小结；通过一周一评，评出每周班级"课间文明之星"，并作为年段每月文明之星评选的依据，大队部也组织大队委对课间不文明的违规行为进行督导、曝光，借助适当无声语言的暗示，让学生愈加明白课间冲跑打闹的危害，争做一名懂文明、知礼仪的好学生，学生的文明行为在积极向上的文化氛围的引领下日渐养成。各年段以班级为单位组建年级文明督导队和护绿小队。德育处在升旗仪式上为文明督导员颁发徽章，使他们树立为同学、集体服务的荣誉感。年段定期召开小干部会议，指导他们分班、分区域、分时段进行认真检查、督导，劝导学生不高声喊叫，并做好记录，及时跟班主任、段长反馈检查情况。年段大会上，请督导员对本月的督导情况进行点评，既树立了他们的威信,也培养了小干部的能力。为了引导学生学会自我教育、自主管理,真正明确礼仪内涵。德育处以"红领巾当家一周"为平台,开展文明班级评比,设文明礼仪岗,对进校学生从红领巾的佩戴、队礼、文明礼仪三个方面进行文明督导,还对卫生、两操、礼仪等方面进行检查,做到每天检查,每周公布。大队委还不定期对出操、五分钟劳动、路队等常规项目进行检查评比,并在每周升旗仪式活动中公布,以评比的方式促进学生进一步形成良好的行为习惯。

为将文明教育落到实处,学校还专门出台了"三生五奖"("三好学生""课程全优生""优秀队干部""进步奖"等)等评选机制,开展礼仪、劳动、美德、环保、健身、安全等"十大校园之星"的评选。学校对各年度评选出的"十大校园之星"进行事迹宣扬,红领巾电视台拍摄"校园之星"采访报道,在午休时段播出,不断激励学生刻苦学习、努力实践、展示风采,促进学生健康成长、成才。同时也积极开展"感动校园人物"评选活动,各班采取民主自荐及他人推荐的形式,产生各班最优秀的感动校园人物。各班原则上推荐一至两名感动校园人物参加年段初选,再由年段推选出最优秀的感动校园人物若干,参加学校评选活动。专业代表队可以自由申报。评选委员会再对各班推荐的人物事迹进行审核,最终产生若干个提名奖,对其进行投票,票数由高到低,按一定的比例,产生厦门实验小学本年度感动校园人物。"感动校园人物"的评选活动旨在寻找学生中典型优秀感人的事迹,这些事迹要具有正面积极引导作用和宣传教育意义,在校园中积极宣扬社会主义核心价值观,树立积极向上的良好校风。

【相关报道】

学励志先锋　做生活强者
——我校王蔚榕同学获"福建省励志先锋"荣誉称号

5月至10月,省教育厅联合省财政厅等十六部门在全省范围内开展第二届"励志校园·感动福建"优秀学生典型宣传活动,旨在激励家庭经济困难学生奋发自强、励志成才、感恩奉献。我校王蔚榕同学被光荣地评为"福建省励志先锋",并于12月24日赴福州参加了颁奖典礼。

王蔚榕是此届受表彰的"福建省励志先锋"中年龄最小的,他不仅是一位与病魔作斗争的"小勇士",更是热爱生命的典范。面对常人难以忍受的病痛,小小的他从不屈服,从不言弃,积极接受治疗。乐观向上、勇于挑战的

少先队员代表给王蔚榕同学送上鲜花、戴上红领巾

王蔚榕同学与颁奖嘉宾合影

他还坚持刻苦学习,用坚强与勇敢让生命之花绽放。正如大会的颁奖词写的:"对 12 岁的你而言,也许生命的意义的命题过于沉重,几十万分之一的患病概率,使你成为人们眼中的不幸,然而,人小志大的你,却用百分之百乐观向上的精神,演绎了自己精彩的人生故事,让人们在你的故事中,重新读懂生命意义的丰富内涵。"

王蔚榕同学在继获得"感动校园人物"、市第二届"海西励志先锋"后又获得"福建省励志先锋"的殊荣,在他身上体现出的热爱生命、热爱学习、心怀感恩的优秀品质,将激励着广大学生成长成才,更好地推进我校社会主义核心价值观的建设。

三、建立完善体系,促进全面发展

在德育评价中,我校积极拓宽评价的主体,充分发挥学校、家长和学生各方面的力量,把德育评价体系建立成一个平等互动的体系,带动家长和学生积极参与,促使学生自主规范自身道德行为,全面发展。

如德育处根据小学生礼仪修养培养的内容,不断健全完善评价机制,编印低、中、高三个学段的《实小文明人成长手册》,编写"礼仪小学堂",具体细化"形象礼仪""课堂礼仪""集会礼仪""课间活动礼仪""交往礼仪""公共礼仪"六个方面的礼仪评价要求,这些内容与"社区里的好孩子""校园十大之星"等一系列评比活动有机融合。《实小文明人成长手册》中细化的条文,是学生日常生活需要遵循的行为标准,各班积极指导学生对照条文,逐条认真学习、领会,年段每月、学期末开展评比,使学生人人用美的标准来约束自己的行为,在学校、家庭和社会上人人争做一名懂文明、知礼仪的好学生。教师和家长也着力引导学生对照《实小文明人成长手册》的有关条文,落实课堂礼仪,课间礼仪和人际交往礼仪。德育处把一系列评比活动有机融合,将良好的学习、生活、劳动习惯与文明修养的养成融入学校、家庭和社会中。采取学生自评、伙伴互评,以及教师、家长综评相结合的方式,从最基本的形象礼仪和礼貌用语等入手,引导学生进行自我学习、参与体验,从而内化成自觉行为,达到自觉规范。同时也指导家长、社区一起参与到评价中,共同培养学生的文明礼仪,使活动形成一个综合性、系统性的自主教育活动体系,真正实现家长与教师共同评价在校表现和在家表现,使学生在家、校、社的配合下,懂得在家做个孝敬父母的好孩子,在校做个文明守纪的好学生,在社会做个有责任、有担当的好公民。

我校坚持开展"社区好孩子"评选活动,期末学校表彰一批在社区表现好的"社区好孩子",将好孩子的事迹张贴在中厅,选登在校报——《凤凰树》报,期末把喜报发到学生家长手中,使文明礼仪之风吹遍家庭、校园和社会各个角落。在"社区好孩子"评选活动中,使学生能成为具有"文明有礼、品德优良"的人,人人争做现代社会所需的文明人,使社会主义核心价值观真正扎根于学生幼小的心灵,并孕育出真善美之花。

附 3-1

综合素质评价让学生快乐自信成长

【来自家长、社会的评价】

"厦门实验小学的孩子快乐、自信,综合素质高!"这是家长、社会对我校学生的评价,从中可以深刻感受到厦门实小学生所具有的那种阳光、自信的良好品质,这也是我校一直以来进行学生素质综合评价的成果,是我校进行的学生综合素质评价科学性、实效性的真实体现。

【我校综合素质评价的做法】

我校坚持"让每一个人健康快乐地发展"的办学理念的引领,秉承"师生和谐发展,素质全面提高"的办学目标,立足学校发展、教师提升、学生成长,在学生综合素质评价的探索道路上,积极践行以人为本理念,不断与时俱进,创新学生综合素质评价,积极设计、制定《学生综合素质发展报告手册》,用更加客观、动态发展的眼光去评价学生,使评价的着力点最终落在促进学生的终身发展上,促进学生可持续发展,培育"文明、勤奋、自主、活泼"的实小学生,让学生更加快乐、自信地成长,而学生综合素质评价推动了学校的发展,引领着学校不断更新教育观念,创新了教育教学的新模式,并逐步形成了学校的教育办学特色,注重学生全部的成长发展过程,对学生素质发展的评价不应是终结性评价,而应是以发展为目标的评价,引导学生面向未来去发展自己。

一、报告册的设计富有新意

我校的《学生综合素质发展报告手册》从封面到内容上都赋予了新的内涵。手册的封面为学生基本情况,封底为《中小学生守则》。手册内页是可以抽取的,评价项目设为"学习素质、综合素质评价"。在我校校园首页,设有"学生成绩管理系统"。为了保证该系统学生信息数据的准确性,信息组老师对该系统进行动态管理,每学年针对《学生综合素质发展报告手册》项目和出现的问题及时征求老师的意见,认真进行调整,使之更加完善,任课教师和班主任老师充分运用好这个平台,每学期准确地为学生登统各项评价成绩,录入学生评语及所获奖项,随时记录好学生成长发展的历程,然后将填写好的《综合素质发展报告单》打印分发给学生,学生可以及时补充。

二、评价的内涵与时俱进

我校制定的《学生综合素质发展报告手册》,是站在培养全面发展的综合型人才的高度上,评价内容上更加与时俱进,尊重学生的差异性和层次性,采取灵活多样、开放性的评价方法,实现了评价主体的多元性,注重过程的实效性,体现学生发展的自主性,愈加凸显教育评价、教育反馈、教育方法的能动作用,体现了新教育的理念,是素质教育的生动体现。手册的评价项目设为"学习素质、综合素质评价"。如在学生的学习素质评价上,在"学习素质"方面,每个学科的评价是从"知识与技能、兴趣与习惯、综合评价"几方面来制定,打破了以学科考试分数作为判断学生素质的唯一标准的应试教育模式,以全面发展的动态过程来看待每个学生,在全面评价学生、客观评价学生的教育改革道路上走出了重要一步,使之愈加符合时代发展、学生培养的需要。

(一)学习评价

在学生的学习素质方面,我校探索从多角度评价学生的能力。比如,以学生的数学学习为例,以平时评价、专项评价、期末检测为主要方式,从知识与技能、兴趣与习惯、数学思考及综合评价四个方面来落实。具体见表3-1。

表 3-1　数学评价方案内容及分值比例

项目	平时 50%	期末 50%
知识与技能	1.平时(阶段)测验成绩 2.平时专项测验(如百题竞赛)	1.单项测验 2.期末综合测验
数学思考	1.数学竞赛 2.单元试卷附加题 3.平时课堂表现 4.调查、操作等实践性作业	数学思考与解决问题测验
兴趣与习惯	课堂听课情况,包括发言、倾听 完成作业情况 平时作业质量	
综合评价	根据上面三项指标综合评定,设 A、B、C、D、E 五个等级。评定等级方式如下:A(AAA、AAB);B(ABB、BBB、BBC、ABC)(其余类推)	

（二）评价内容的要求和说明

1.平时（阶段）评价

主要是对学生在学习过程中表现出来的情感、态度、价值观,过程与方法（数学思考与解决问题）的观察了解及评价。具体从三个方面入手：

（1）课堂学习评价：以课堂观察为主,可以观察学生的课堂常规表现、课堂发言情况等,并将观察的情况作相应的记载。

（2）课外学习评价：主要通过学生完成作业情况来评价（对作业态度、作业完成质量、作业缴交情况等）。

（3）阶段评价：综合学生单元测验和课内外学习情况进行评价。主要考查学生单元"知识与技能"掌握情况。

学生平时作业、上课、书写等情况可以在单元测验试卷中体现一定比例。

2.专项评价

专项评价主要有"口算（计算）能力检测""数学竞赛""数学思考与解决问题检测"等几项。以"课程标准"要求的程度为依据,以本册教材内容为范围,考查学生不同专项的能力水平。

3.期末测验

期末测验指每学期由学校统一命题进行测试。以这样的评价引导教师在平时教学中不仅关注学生的知识掌握情况,还关注学科能力和学习的情感态度价值观。

又如语文学科从"识字与写字、阅读、写话（习作）、口语交际、兴趣与习惯、综合评价"几个板块对学生掌握语文的方面进行评价,如在中高年级的阅读评价上,借助阅读考级测试,积极营造良好的读书氛围,比较客观地评价学生课外阅读的情况,同时,结合学科测试对学生的阅读能力,也做一个比较客观全面的分析。在改革学科考试评价体系的同时,我校还丰富了校本课程设置,积极开展"走进科技馆""机器人制作""集邮"等课程,提出学生在艺术和体育上要实现"2+1",为学生的综合素质全面发展创造条件。学校也积极把评价与课堂教学改革紧密结合,全面提高学生的学习能力。结合新课程改革实际,积极推进课堂教学改革,开展"精讲多学"的教学研究,既提高了教师的课堂教学效率,也提高了学生的学习能力。

（三）综合素质评价

在德育工作中,我校积极确立学生为德育主体的地位,注重德育"以人为本"的工作原则,通过丰富的评价机制,激励学生主动参与活动,在活动中锻炼成长,促进学生自我教育、主动发展。其中,《学生综合素质发展报告手册》的"综合素质评价"包含了三个维度,即"道德品质与公民素养""交流与合作""运动与健康"。这三个维度中,"道德品质与公民素养"包含了"爱国爱乡""诚信礼貌""自尊自立""环保意识","交流与合作"包含了"团队精神""沟通合作",而"运动与健康"则包含了"体质健康"和"健康生活方式"。这三大维度的设计,注重学生爱国、诚信、守法等方面,更注重的是学生与人交流、健康生活方式的培育等方面。通过评星的方式,具体设定:三颗星为优秀,二颗星为良好,一颗星为合格,通过学生对照要求自评、学生互评、家长评,最终教师评比这样的评比方式,充分发挥综合素质评价的导向、激励功能,体现教育的全过程,促进学生全面、有个性、可持续地发展。在评价过程中,家长的评价思想和观念有了实质性改变,家长不再只是关注孩子的学业成绩,而是更加关注他们的品行修养,更加关注学生个体发展潜能的开发和成长过程中的进步,更加重视学生的全面发展,实现了最大限度地使学生享受到成功的喜悦,家校育人观取得一致。

附 3-2

福建省厦门实验小学"校园之星"评选活动实施方案

为展现我校学生蓬勃的朝气、积极的精神面貌和全面发展的综合素质,在全校学生中营造积极向上的学习氛围,激发学生勇于争先的进取精神,展现优秀学生的形象,弘扬正气,树立典型,学校决定在每学期的期末开展"校园之星"评选活动。

一、活动目的

关注每一个学生的健康成长,引导教师发掘学生的闪光点,关注学生的点滴进步,激发学生发现自己的闪光点、找到成长中的自信,并通过榜样带动的作用,使全体学生树立积极向上、努力进取的目标,促使学生活泼、健康、主动、全面地发展。

二、评选项目

礼仪之星、勤学之星、美德之星、劳动之星、环保之星、创造之星、文艺之星、健身之星、安全之星、管理之星。

注:每类"校园之星"各班评选人数为 2 人,原则上不能重复评选。

三、评选条件

(1)礼仪之星:仪表端庄,举止文明,行为规范,尊重他人,尊老爱幼,礼貌待人,友爱同学,在校内外都能文明守纪。

（2）勤学之星：具有良好的学习习惯。上课专心听讲，勤于思考，积极参与讨论，勇于发表见解，遇到困难不放弃，学习成绩优异。

（3）美德之星：孝顺长辈，关心集体，乐于助人，在社会上积极奉献爱心并有优秀事迹。

（4）劳动之星：生活自理能力强，有良好的劳动卫生习惯，在家主动帮助长辈做家务活，在校认真做好值日工作。

（5）环保之星：生活上做到勤俭节约，爱惜粮食、爱惜学习用品，能合理使用零花钱。在校能节约用水、用电，能积极参与到垃圾分类活动中。

（6）创造之星：对科学有强烈的兴趣爱好，热衷于创造发明和科学实验，动手操作能力强，在各级各类科技创新比赛中有出色的表现。

（7）文艺之星：热爱艺术，积极参加学校文艺活动和兴趣小组、周末乐园活动，在校级、市级各项比赛活动中获得佳绩。

（8）健身之星：热爱体育运动，积极参与体育锻炼，坚持完成体育作业，在体育竞赛中获得佳绩。

（9）安全之星：有强烈的安全意识，认真参与安全知识竞赛、安全小报等设计制作活动，并在各项活动中自觉守纪。

（10）管理之星：自主管理意识强，不仅以身作则，还能积极协助老师开展班级的管理工作。

四、评选办法

（1）以《中小学生守则》《实小文明人成长手册》的有关条文和要求为依据，采用自荐与互荐相结合的形式，开展"校园之星"的评选活动。

（2）各班要积极创设评优争先的氛围，充分发挥学生参与评选的积极性，被推荐的学生必须品行端正，事迹突出，能真正发挥榜样示范作用。

（3）期末各班进行班级"校园之星"的评选工作，被班级确定推荐的学生按学校德育处要求的格式认真上报事迹材料，班主任填好"校园之星"汇总表格（附简要事迹）后上交大队部，学校德育处审核、公示最终人选，期末颁发"××之星"的奖状。

（4）在班级开展"校园之星"评选的基础上，各年段召开教师大会，进行"校园之星"的评选与推荐工作（各类"校园之星"各1名推荐人选），并将事迹上报学校德育处，学校德育处组建评选委员会，对上报的推荐人选进行认真审核，最终确定十大"校园之星"，下学期开学时进行表彰，学校大队部积极指导红领巾电视台进行"校园之星"事迹的拍摄、宣传工作，在全校积极宣传先进学生的优秀事迹，让校园充满正能量。

第五节　多彩德育"三位一体"培育新机制

儿童是一个独立的个体,也是家庭、学校和社会的一分子,是人类社会发展的未来,是社会可持续发展的重要资源,需要教育的引导,以树立正确的人生观、价值观和世界观。家庭和学校是儿童成长中最重要的两个"场域",无论是学校还是家庭,教育的核心是育人,德育教育在小学阶段显得尤为重要。我校在深化原有学校"家校协作"内涵基础上,以"合作共享"为宗旨,基于"共学共育"的原则,将家校变成"学习共同体",促进家校合作成为一种优势互补、共同成长的共同体,使我校德育教育成为一种更有效的双向教育。

一、明确共学共育原则,树立小学德育教育目标

"家校学习共同体"是指以完善学校德育工作、促进学生全面发展为目标,在各种教育资源的支持下,教师、家长、学生即学习者和助学者通过共同活动,互相支持,协同作用,自助形成以学习为主的教育和自我教育形式,共同进步、获得各自发展的需要。苏霍姆林斯基指出:生活向学校提出的任务是如此复杂以致如果没有整个社会首先是家庭的高度的教育学素养,那么不管教师付出多大的努力,都收不到完满的效果。因此在家校学习共同体中要明确共学共育原则,强调家庭和学校是互相支持、共同努力的,学校在进行教育时能够得到来自家庭的支持,家长在养育子女时能够得到来自学校的指导,构建和合共生的德育模式,形成教育合力,有效提升学校和家庭德育教育水平。

在明确共学共育原则基础上,树立小学德育教育目标。我校以培养合格小公民作为德育教育的新视角,将培养具有优秀品格的合格小公民作为德育教育目标。2013 年 12 月,中央办公厅印发《关于培育和践行社会主义核心价值观的意见》,将 24 字核心价值观分成 3 个层面,在小学阶段,重在引导学生努力培育"爱国、敬业、诚信、友善"这四个公民个人层面的价值准则,这也是从个人的价值准则方面来培养社会所需的公民,从而帮助学生

成为素质全面发展的人。就小学阶段来说,重点要培养学生学会与人交往的基本礼仪,具有遵守公共场所的基本行为规范,以及对他人、对社会应持有的诚信意识、责任感等。因此在家校学习共同体中培养合格的小公民,更加关注学生的道德认识的发展,尊重学生主体性,以内在生成为本质特征的学生品德形成和学校德育发展模式,引导学生回归生活,自己去观察、体验、思考,从中感悟人生的真谛、做人的准则,主动探究、自主建构正确的道德认识和道德行为,达到从外在道德规范到内在道德品质的自我建构过程。

二、优化家校教育资源,提升小学德育教育水平

为适应新形势下德育教育工作的新要求,有效提高学校和家庭德育教育工作的整体水平,充分调动家长的积极性,优化家校教育资源,引介优质的智力资源和人才。基于这一认识,我校组建了家庭教育讲师团,让有着丰富家庭教育经验的家长到校作家教讲座,构筑家庭教育学习平台,打造优质教育资源,引领家长用多元的视角,协同学校一起向家长传播现代、先进的教育理念和科学的教育方法。

家庭教育讲师团成员均来自家长或家长推荐的专门人才,学校主动承担家庭教育讲师团的发起、计划和运作任务,制定家庭教育讲师团的管理要求,建立档案、定期研讨、适时排课、逐步推进、适当调整,及时召开有关的会议,特别指出家庭教育讲师团的每个成员要注重自我学习和提高,本着高度负责的精神,组建共同研究团队,齐心协力负责不同的学习研究,对德育工作命题进行深入分析,提升家庭教育研究质量,打造先进教育理念交流平台,在家长们组成的学习共同体的相互学习中,给家庭教育内容赋予一些价值取向的引领。讲师团讲师要有针对性地从自身出发,从家长需求出发,针对家长们普遍存在的家教困惑,有的放矢,对症分析,采用主题发言、实例分析、现场互动和教育案例的形式,不断提升家长的家庭教育水平,促进孩子健康成长。家庭教育讲师团的设立提高了家长们对家庭教育的认识,不同年龄、不同职业的家长进行良性循环,也更好地满足了家长获得专业知识和专业方法的需求,实现了家校携手共同提升德育教育水平。

三、搭建多样学习平台,创新小学德育教育模式

传统小学德育教育主要以学校为中心,以教材为蓝本,以教师为主体,

加之德育课程理论性强,课堂乏味,学生学习效果不佳。而在家庭中,一些家长注重学生成绩,忽视德育教育。因此要搭建多样化的学习平台,创新小学德育教育模式。即采取基于问题和阅读书籍的两种学习活动,搭建多种多样的学习平台,加强对家长的培训力度,借助学习方式的改变,唤醒家长自觉、主动学习的意识,促使家长获得教育理念的提升,从而对自身角色有更为准确的认识和合理的定位。

(一)开展基于问题的学习活动模式

基于问题的学习活动模式是指学校站在家长的角度,满足家长自身渴望成长的需求,帮助家长提高认识,更新观念,积极寻求家庭教育问题的对策,学会运用正确的教育方法,使家庭教育适应孩子的成长需求。了解家长在德育教育中的困惑与需求,分析各年级各年龄段学生出现的问题,有针对性地开展学习活动。

针对家长关心的话题和当前家庭德育教育中普遍存在的焦点问题,有机地确定讲座内容,邀请陆仕桢、任勇、王慧敏等专家莅校给不同学段的家长做讲座,让专家在和家长的互动对话中,为家长们释疑解惑,对家长进行专业的引领,传授先进的育儿理念、知识,使家庭教育向新的高度、新的水平提升。

学校在对家庭教育的引导上,根据不同年级的教育重点和年龄特征,整体有序推进,除专家专题讲座外,还开展系列家庭教育讲座,开发家长培训课程,有效提高家长对学习活动的参与热情,在交流与分享中相互学习、成为学习伙伴,解决家庭教育困惑,促使家长学会去积极面对各个阶段孩子成长的变化,去无条件接纳孩子的一切,不断调整家庭教育方法。

(二)开展阅读书籍的学习活动模式

以阅读为学习活动,创建一种相辅相成,立足家庭及学校班级层面上的学校德育创新模式。阅读书籍的学习活动主要是借由书籍的阅读与学习,开展研读活动。在读书基础上进行问题的探讨,分享亲身的体验,交互式的学习模式让每一个家长的潜质和优势都能在交互学习中渐入佳境,帮助提升家长的教育理念,促进学生道德品质、能力的成长。

学校、教师积极为家长提供宽泛的学习内容,广义上的读书活动,不仅仅局限于传统意义上的书籍,电子书、音像制品、戏剧、博物馆、大自然等都是书籍,以书籍或是音像制品等,开展形式多样的读书活动,以更情境化的方式帮助家长学习更多领域的知识，引领每一个家长用不同的方式参与学习。

以班级为单位开展读书分享会，根据年级和学生实际，选定书目，开展读书沙龙，举行亲子睡衣读书会，学期初各班的家委们根据班级家长教育理念及遇到的问题现状，征求教师、专家的意见，精选、确定共读书籍，采取主题阅读、案例分析、线上线下交流等方法，每次读书沙龙确定一本推荐书，由一位对本书感触较深的家长先深入介绍书籍内容、主旨，提出讨论的热点，开展网上互动，线上线下主题式阅读讨论等活动。

以家庭为单位开展亲子共读。家庭文化是一个家庭的魂，家长要建构一个有文化品位的、对孩子今后成长有利的家庭组织。家长与孩子在书籍中用共读关照孩子的成长，用共情联结情感，孩子也在经典文学作品的熏陶和浸润中，在家长细心的关怀和教养下，朝着健康的方向发展。老师们也积极主动地组织起家长共同阅读，如我校潘品瑛老师的"小水滴"读书俱乐部，坚持了多年，家长们获益良多。梁敏老师组织家长们共同学习"家长效能"，有效地提高了家长们的育人水平。

四、建立家校共育机制，构建小学德育教育网络

学校通过建立家长参与学校管理的工作制度，建立家长监督工作机制、家长协调学校工作机制和家长评价学校工作机制，增强家长参与学校管理的意识，使其成为学校工作的协同者，形成优势互补，引导家长积极参与到学校的各项管理中来，积极参与教育教学、教育督导评价、学校管理，促使家长们凝心聚德，汇集智慧、形成合力，为学生的终身可持续发展奠基。

学校积极开发出一系列有意义的、有品德根基的德育课程：①借助社会情感课程，让学生认识到自己与自己、自己与他人、自己与自然、自己与社会之间的内在关系，提高学生的社会、情感技能，重视对自己和他人的态度，建立与学校的连接及积极的社会行为，有效提升学生自尊、自信和合作、尊重、是非感、社会责任感和自主性及解决问题能力，提高人际交往能力等，促进学生道德内生，培育学生良好的公德意识、环保意识、文明素养，学会感恩，帮助学生形成健全的个体心理品质和人格特征，促进学生的健康成长；②构建礼仪教育课程，将良好的学习、生活、劳动习惯与文明修养的养成融入学校、家庭和社会中，从最基本的形象礼仪和礼貌用语等入手，

引导学生进行自我学习、参与体验,从而内化成自觉行为,达到自觉规范,共育学生的文明礼仪,使活动形成一个综合性、系统性的自主教育体系,学校积极引领家长们参与礼仪教育,引导家长走进课堂为学生介绍、讲解各种各样的知识,有关于歌仔戏等闽南文化的表演欣赏,有关于中华民族传统美德教育的小故事,有关于文明礼仪方面的训练等。使学生在家、校、社的配合下,懂得在家做个孝敬父母的好孩子,在校做个文明守纪的好学生,在社会做个有责任、有担当的好公民。

【相关报道】

礼仪,从家庭教育开始

2017年11月16日晚上,我校在学校多功能教室举行四年段家教讲座。

担任本次主讲的嘉宾是曾被评为"亚洲整体形象设计艺术家""国际注册高级礼仪培训师"的黄安妍老师。她为家长做了一场主题为"礼仪,从家庭教育开始"的家庭教育讲座。

黄老师强调在礼仪教育中家长言传身教的重要性,同时,她还特别提醒餐桌上的礼仪、见面要主动问好、回家时和家人打招呼、出门前和长辈打招呼并告知几点回来、在家自己整理房间、不葛优躺、不乱扔袜子……

精彩的讲座

　　讲座中,黄老师特别与家长进行了互动体验,比如,握手礼仪(女生跟男生由女生先伸手;长辈比晚辈先伸手;领导比下属先伸手);鞠躬礼不必90度(犯错或发自内心的尊重才需要90度);点下头加15度鞠躬,头和身体一条线,眼睛斜看对方脚下方(深一点感谢30度);握手力度刚刚好,眼神看对方;永远不要用左手和人握手;嘴角苹果肌,眼睛笑,如打开眉毛笑、心笑等,家长们就是在这样轻松愉快的体验中增长了相关礼仪知识。

有效的互动

家长参与互动体验

黄老师还推荐家长们每天练习站姿十分钟，坚持二十一天养成好习惯。强调女生坐姿应膝盖并在一起，落座时上身直，女生不开腿，前后脚落座，听课时坐满椅子才不累；走姿脚跟先着地，上身不动不扭腰；乘车时，主人和宾客的正确坐法等。

这样生动的讲座，不仅让家长朋友们学习了相关礼仪知识，还使他们更加清楚地知道：家长要努力成为孩子学习的榜样，身教重于言教，如此礼仪的教育才能真正落到实处。

【相关报道】

爱上阅读　悠游书海
——我校举行低年级家长读书沙龙活动

在低年级孩子一走进校园开始学习阅读的起步阶段，作为父母，该如何把阅读作为自身的需要，并有效激发孩子的阅读兴趣，引领他们与书作伴，快乐成长？6月8日晚上，我校首批家庭教育教师团的朱俊毅先生与沈毅华先生以"大手牵小手，书海同悠游"为主题，在校图书馆举行了低年级家长读书沙龙活动。一至三年级各班家长代表和我校"构建学习共同体"课题组的部分老师参加了读书沙龙活动。

朱俊毅家长和大家分享的主题是"如何建立个性化纸质图书角"。他从十个问题入手，用自己的亲身经历，与大家分享了自己对低年级孩子阅读重要性的思考。他认为，阅读是孩子自身成长所需，良好的读书习惯要从小培养。家长要有计划性地帮孩子开好借阅或者购买图书的清单，为孩子积极建设纸质图书角，营造诗化的书香文化氛围，让有益的图书成为孩子生活的一部分。他在分享中特别谈到，家长应言传身教，积极陪伴孩子读书。作为班级家委一员，他还谈到自己与班级家委在协助班主任建设书香班级中的一些很好的经验做法，给在座的家长很多的启迪。

沈毅华家长分享的主题是"书山有路"。他的分享共三部分。一是"寻书"，即如何检索书讯、如何购买书籍、如何下载电子书，他在分享中，展示了精美的实体书与风格各异的电子书，比较了实体书与电子书的不同优势；二是"开卷"，围绕畅销书《如何阅读一本书》，讲述了阅读的类型和方法；三是"心读"，他邀请参与活动的家长和老师共读育儿名作《孩子：挑战》的序言和首章，结合"孩子是否令我们手足无措"等问题展开讨论，最后他还播放了电影《怦然心动》的片段。大家在彼此心灵的碰撞中共同探讨：什

朱俊毅家长进行"如何建立个性化纸质图书角"的分享

么样的爱是对孩子有帮助的爱？如何做到不骄纵、不严苛，与孩子共同成长？

沈毅华家长进行"书山有路"的分享

　　美好的时光在浓浓的书香与茶香中静静流淌，参与活动的老师和家长也在静静的聆听中进行心与心的碰撞。德育处林卫红主任在总结发言中谈道："从刚才两位爸爸的分享中，我们可以感受到，在我校有很多家长爱

分享、聆听、碰撞

上阅读，读书已经成为大家日常生活的需要。他们的精彩分享，更是引发我们的思考：在互联网时代，随着网络的日益普及，我们如何与时代接轨，充分利用当前的一些很好的图书资源丰富自己，与书为伴，用阅读丰盈自己的人生，也滋养孩子的心灵。同时要不断尝试进行阅读方式的改变，在班级、家庭为孩子建立图书角，通过亲子阅读、班级读书会等活动，使得家长与孩子、家长与家长之间相互分享、共同成长，让校园、家庭的书香愈加浓郁。"

第四章

多彩课程——丰富,选择,开放

第一节　多彩课程观

课程是一个历史的范畴,不同的时代有不同的课程观。

一、课程是知识

课程强调受教育者掌握完整系统的科学知识,往往分科开设;课程的体系是以相应学科的逻辑、结构为基础组织的;课程是外在于学习者个人生活的,并且经常是凌驾于学习者之上的,学习者对于课程主要是接受者的角色;教师是课程的说明者、解释者。从心理基础而言,这样的课程主要关注学习者的认知过程。

二、课程是经验

课程强调和突出学习者作为主体的角色,以及在课程中的体验;课程注重从学习者的角度出发和设计;课程是以学习者实践活动的形式实施的;课程不是外在于学习者,也不是凌驾于学习者之上,学习者本人是课程的组织者和参与者。从心理基础而言,这样的课程比认知过程广泛,强调学习者个性的全面参与。

三、课程是活动

课程强调学习者是课程的主体,以及作为主体的能动性;强调以学习者的兴趣、需要、能力、经验为中介实施课程;从活动的完整性出发,突出课程的综合性和整体性,反对过于详细的分科;从活动是人心理发生发展基础的观点出发,重视学习活动的水平、结构、方式,特别是学习者与课程之间的关系。从心理基础而言,这种课程也强调全面性,即除了认知过程之外,学习者的其他心理成分同样是实施课程必须考虑的。

这样三种观点反映出人们对于课程本质的不同认识,对于课程实践具有不同的意义。"多彩教育"课程观传承了课程是经验的观点,认为只有那些真正为学习者所经历、理解和接受了的东西,才称得上是课程,也只有在学习者主动获取经验的过程中,才谈得上得到个性的充分发展。"多彩教育"课程观还传承了课程是活动的观点,认同儿童通过活动作用于外部世界,同时通过内化过程建构起自己内部的认知结构的理论学说。

基于"多彩教育"课程观,我校提出如下课程理念:让美好童年绚烂多彩。其具体含义如下:

——课程即曼妙的诗篇。童年是人生的一段重要生命历程,童年生活应当是曼妙的诗篇。我们应当尊重孩子的个性需求,设计丰富多彩的课程,让孩子们找到属于自己的世界,让童言无忌,让童心飞扬,让童年难忘。

——课程即美好的相遇。学校应该为汇聚美好事物的中心,让不同个性特点的学生在校园生活中拥有同样美好的"相遇"。在这里,遇见成长中的关键人物、关键事件、关键书籍和关键知识。课程是带着生命气息的知识,是美好的拥有,是与自然、与世界的美丽邂逅。一句话,课程是一所学校给予儿童最好的成长礼物!

——课程即多彩的记忆。童年似一杯浓浓的咖啡,暖到心窝;童年似一杯淡淡的茶,让人回味;童年似暴风雨后的彩虹,绚丽无比;童年又似那晚霞后的余光,让人怀念;童年似那弯弯的小路,让你成长……课程要让人变得放松,让人感到温暖,让你回想起遥远而不遥远的梦,让你回想起在雨中,那雨儿是跳动的旋律。当你摔倒时,一种力量在看着你,让你回想起在蓝天下放飞纸飞机,放飞一个个让你期待的梦。

——课程即精彩的瞬间。每个人都拥有五彩缤纷的童年,童年是人生最珍贵的东西,它是人一生的开始。学校要为孩子的成长创造各种条件,要让孩子们展现自己最为精彩的瞬间,让校园处处展现孩子们的生命活力与成长过程,让每一个孩子都能在校园里找到精彩的"自己"。

第二节　多彩课程目标

课程目标是指课程本身要实现的具体目标和意图。它规定了某一教育阶段的学生通过课程学习以后,在发展品德、智力、体质等方面期望实现的程度,它是确定课程内容、教学目标和教学方法的基础。从某种意义上说,所有教育目的都要以课程为中介才能实现。事实上,课程本身就可以被理解为使学生达到教育目的的手段。所以说,课程目标是指导整个课程编制过程最为关键的准则。确定课程目标,首先要明确课程与教育目的和培养目标的衔接关系,以便确保这些要求在课程中得到体现;其次要在对学生的特点、社会的需求、学科的发展等各个方面进行深入研究的基础上,才有可能确定行之有效的课程目标。课程目标有助于澄清课程编制者的意图,使各门课程不仅注意到学科的逻辑体系,而且还关注教师的教与学生的学及课程内容与社会需求的关系。

我校"多彩教育"的教育目标也就是育人目标是培育"有梦想、有才气、有特长、有活力、有灵气"的少年儿童。具体表征如下:

(1)五彩缤纷,有梦想;

(2)俊彩星驰,有才气;

(3)光彩耀目,有特长;

(4)神采奕奕,有活力;

(5)奇光异彩,有灵气。

育人目标是通过课程目标达成的。因此,我们把"多彩教育"的育人目标进行细化,并结合学生年龄差异,划分为低中高三个阶梯的课程目标(表4-1)。

表 4-1 厦门实验小学"凤凰花"课程目标表

育人目标	课程目标		
	低年级的具体表现	中年级的具体表现	高年级的具体表现
五彩缤纷 有梦想	1.能遵守学校纪律 2.讲文明懂礼貌 3.主动亲近同伴 4.愿意与老师、家长分享自己的真实想法 5.与同学友好相处 6.乐于帮助他人	1.愿意倾听、会与他人分享,乐于表达、理解他人,有责任心 2.学会谦让 3.会和他人沟通 4.能与他人友好合作	1.能明辨是非 2.能站在他人立场理解问题 3.善交朋友,孝敬父母 4.会感恩、能包容、善纳新、敢担当,具有积极向上的人生态度 5.胸怀理想,不断追求
俊彩星驰 有才气	1.热爱学习,掌握低年段文化课程标准规定的要求 2.养成良好的学习习惯。喜欢阅读并能与他人简单地交流 3.课堂上能主动思考,发言积极 4.能通过看看、画画、做做等方法大胆、自由地进行简单组合和装。	1.热爱学习,掌握中年级文化课程标准规定的要求 2.有良好的学习习惯,有自己的兴趣与爱好,能合理安排学习时间 3.会做读书笔记 4.可以通过语言、画画、做做等方法表现所见所闻、所感所想	1.热爱学习,掌握高年级文化课程标准规定的要求 2.有浓厚的学习兴趣,学习习惯良好,能制订自己的学习计划 3.能熟练地将所学知识运用于实践,能说善辩,会自己探究感兴趣的问题 4.坚持阅读,有自己的观点并能清楚地表达 5.会以美术与其他课程的知识、技能相结合的方式,进行策划、制作、表演与展示
光彩耀目 有特长	1.能初步感受、欣赏生活、自然、艺术和科学中的美 2.积极参加各种艺术活动 3.积极参加学校的各项艺术活动	1.能感受、欣赏、珍惜生活、自然、艺术和科学中的美 2.有一个艺术爱好,对艺术学习有兴趣 3.积极参加区、校各项艺术比赛	1.能够在生活中发现美,懂得美的真正含义 2.能主动地去学习一至两种艺术形式并能向同学、老师展示其成果 3.积极参加市、区、校各项艺术比赛并获奖
神采奕奕 有活力	1.积极参与体育活动,初步掌握简单的技术动作 2.通过广播操、舞蹈等多种身体练习,形成学生正确的身体姿势 3.感受到体育活动给自己的生活带来的乐趣 4.会玩一至两项体育类游戏活动	1.形成参与运动的兴趣和爱好,形成坚持锻炼的习惯 2.形成健康的生活方式,发扬体育精神,形成积极进取、乐观开朗的生活态度 3.基本掌握一至两项运动技能	1.积极参加体育活动,保持愉快的心情,性格开朗大方,动作协调 2.形成灵敏、力量、耐力、协调等身体素质,通过国家体质健康测试 3.掌握两到三项体育运动技能,并成为特长项目

续表

育人目标	课程目标		
	低年级的具体表现	中年级的具体表现	高年级的具体表现
奇光异彩 有灵气	1.自己的事情自己做，衣物用品和学习用具自己整理 2.自己的值日自己做 3.学会一项自己以前不会的劳动技能	1.有一个为集体服务的小岗位 2.尽自己的能力在岗位上为集体、为他人服务 3.有集体荣誉感，积极参加班级的各项劳动	1.尊重别人的劳动果实，确立劳动光荣的意识 2.能积极参加公益劳动 3.学会三项以前不会的劳动技能 4.分享为集体、为他人服务的快乐

　　课程目标可以分为：行为取向性课程目标、生成性课程目标、表现性课程目标三类。通过表4-1，可以看出"多彩教育"的课程目标，关注行为取向的课程目标，期待学生的学习结果，注意发挥导向功能、控制功能、激励功能与评价功能。但"多彩教育"的课程目标更为关注生成性目标，关注的是学习活动的过程，是在教育情境之中随着教育过程的展开而自然生成的目标，更多考虑学生的兴趣、能力差异，强调目标的适应性、生成性；更为关注表现性目标，关注在教育情境的种种遭遇中每一个学生个性化的创造性表现，关注学生的创造精神、批判思维，并在此基础上设计编排适合学生活动的课程。

第三节　多彩课程框架

　　立足前期课程改革成果，学校着力建设"凤凰花课程"体系，重点关注学校整体课程与特色课程的有机融合，重点关注国家课程的校本化实施和特色课程建设，逐步构建起各类课程协调发展的高质量、有特色、可选择的学校课程体系。

一、课程逻辑与结构

　　按多元智能理论，我们将学校课程分成六类（"六小"课程群）：

(一)小文人课程:语言与交流课程

此类课程主要涉及语文、英语等学科及其综合呈现的领域,包含语文课程群、英语课程群、第二外语课程群等,既涵盖语文、英语等基础型课程,也包括小作家、小读者、小记者、小编辑、小主持、小翻译等拓展型课程,结合不同年龄段学生的身心特点,引导学生广泛接触各类文学作品,提高学生的文学素养,培养学生的阅读欣赏能力,增强学生的交流能力,实现情感熏陶、形象感染,最终使学生成为精神丰富、人格高尚的人。

(二)小天使课程:自我与社会课程

此类课程主要涉及品社等基础型课程和文明礼仪教育、性别教育、生命教育,以及职业体验、劳动技术、社会实践和服务等领域,如小茶艺师、"我的房间,我做主"、小厨师、小点心师、菜园小管家、小园艺师、小理财师、爸妈"跟屁虫"等课程,把学生的社会实践、个性发展、职业启蒙和创新能力培养等有机整合,让学生通过实践活动和亲身体验培养合作精神、公民意识和社会责任感,孕育学生的职业理想。"小天使课程"也包括小绅士、小淑女等课程,满足男孩女孩发展的需求,使男生和女生都能得到完善而良好的发展,让学生掌握基本的谈吐、举止、服饰等个人礼仪,以及在家庭、校园、公共场所等社会生活领域的礼仪,养成文明礼貌的行为习惯。

(三)小博士课程:科学与探索课程

此类课程包含自然课程群、科技教育课程群等,主要涉及自然、信息科技等综合科学学科领域。学校积极落实基础型课程中的自然、科技信息等相关课程,开设小实验、小探究、小常识、小百科、小制作、小环保、小种植等课程,重点创设创新实验室,开发"乐高机器人"课程和3D打印课程,通过让学生亲历科学探究活动,引导学生发现问题、提出质疑、探索反思,激发学生对科学研究的兴趣,掌握基本的科学研究方法,让学生在实践中解决问题、增长智慧,为学生提供广阔的科技实践研究平台,促进学生创新精神与实践能力的发展。

(四)小能手课程:逻辑与思维课程

此类课程包含数学课程群、思维课程群等。教材只是信息资源与媒介,在学习活动中,要将这有限的资源投入学生头脑资源的广阔天空中去。基于这样的目的,我们尝试运用现代课程理念重新审视、分析、研究、思考现行的教材合理性,进一步贯彻新课标的相关精神,对教材进行局部调整、优化组合、扩充资源:低年级应倡导"快乐数学",使学生在愉悦中学习;中年级应倡导"生活数学",使学生在体验中感悟数学;高年级应倡导"思维数学",使学生在思维的深度与广度上得到长足的发展。通过每日一题、每日一问、数学跑道、数学园地等活动,以学生为主,寻找身边的数学,把握生活的数学,增强学生数学意识,使数学与生活、学校与社会、课内与课外互补共进。

(五)小达人课程:艺术与审美课程

此类课程包含音乐课程群、美术课程群、综合艺术课程群,主要涉及美术、音乐等艺术领域。学校扎实推进基础型课程中的音乐、美术课程,创新开发拓展型和探究型课程中的艺术类课程,基于学生发展的需求,开设少儿舞蹈、声乐、绘画、书法、陶笛、非洲鼓、打击乐等多门艺术课程,为学生提供艺术课程菜单,学生自主选择感兴趣的艺术课程,以基础型课堂教学和拓展型社团活动相结合,激发学生对艺术的热爱,提高学生的艺术教养与审美素质。

(六)小健将课程:运动与健康课程

此类课程包含体育课程群、心理辅导课程群等,主要涉及体育、心理辅导等学科领域。学校对国家规定课程进行补充、拓展和整合,关注每一个孩子的个体差异与不同需求,关注每一位学生的身心健康发展,根据不同学生的需要开发多种形式的课程,包括各种球类、棋类、跆拳道、花样跳绳等各类体育课程及"多彩屋"等心理辅导课程,以社团活动为主要途径分年级、分步骤有效落实"小健将"课程,推动学生身心素养的提升,为学生的健康发展服务,为学生终身体育意识的形成奠定基础。

二、课程结构图

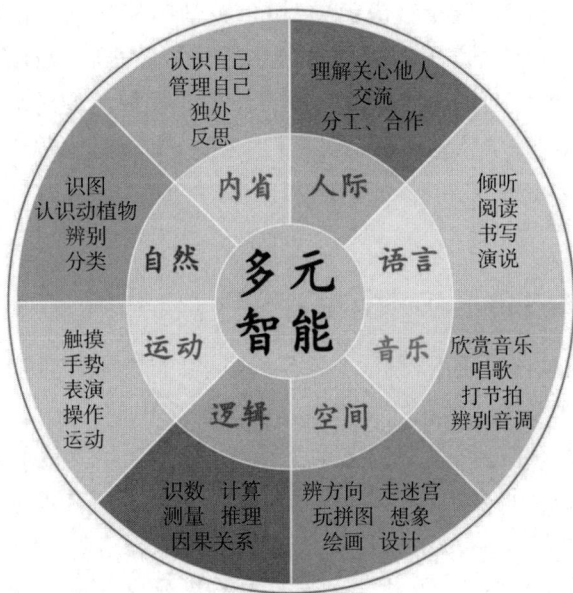

认识自己
管理自己
独处
反思

理解关心他人
交流
分工、合作

识图
认识动植物
辨别
分类

内省　人际

自然

多元
智能

语言

倾听
阅读
书写
演说

运动

音乐

欣赏音乐
唱歌
打节拍
辨别音调

触摸
手势
表演
操作
运动

逻辑　空间

识数　计算
测量　推理
因果关系

辨方向　走迷宫
玩拼图　想象
绘画　设计

课程结构图

三、厦门实验小学课程设置表

厦门实验小学课程设置见表 4-2。

表 4-2　厦门实验小学课程设置表

	小天使课程		小文人课程		小能手课程		小博士课程		小健将课程		小达人课程	
	基础课程	拓展课程	基础课程	拓展课程	基础课程	拓展课程	基础课程	拓展课程	基础课程	拓展课程	基础课程	拓展课程
一年级	道德与法治	小帮手礼仪	语文英语	朗读说话	数学	围棋快乐数学	科学信息技术综合实践		体育与健康运动与健康	足球击剑健美操	音乐美术	写字儿童画京剧手风琴

续表

	小天使课程		小文人课程		小能手课程		小博士课程		小健将课程		小达人课程	
	基础课程	拓展课程	基础课程	拓展课程	基础课程	拓展课程	基础课程	拓展课程	基础课程	拓展课程	基础课程	拓展课程
二年级	道德与法治	小帮手礼仪	语文英语	朗读口语	数学	围棋快乐数学	科学信息技术综合实践		体育与健康运动与健康	足球击剑健美操	音乐美术	硬笔书法儿童画京剧手风琴
三年级	道德与法治	品茶论道小管家	语文英语	主持小记者小编辑	数学	益智游戏象棋儿童哲学魔方	科学信息技术综合实践	机器人	体育与健康运动与健康	街舞足球击剑	音乐美术	音乐与诗歌软笔书法趣味素描
四年级	道德与法治	品茶论道小管家	语文英语	主持西游记人物小记者小编辑	数学	益智游戏象棋儿童哲学魔方	科学信息技术综合实践	人工智能机器人	体育与健康运动与健康	街舞足球击剑篮球	音乐美术	音乐与诗歌软笔书法趣味素描合唱
五年级	道德与法治	品茶论道今天我当家	语文英语	阅读与电影古诗文西游记人物	数学	走进三国中国象棋儿童哲学	科学信息技术综合实践	人工智能机器人编程	体育与健康运动与健康	足球篮球击剑网球	音乐美术	书法漫画合唱管乐
六年级	道德与法治	品茶论道今天我当家	语文英语	阅读与电影古诗文小作家小翻译	数学	儿童哲学走进三国	科学信息技术综合实践	人工智能机器人编程	体育与健康运动与健康	足球篮球击剑网球	音乐美术	书法漫画合唱管乐

第四节　多彩课程的实施与评价

课程实施是指把课程计划付诸实践的过程,是一个动态的序列化的实践过程,是达到预期的课程目标的基本途径。课程评价是指检查课程的目标、编订和实施是否实现了教育目的,实现的程度如何,以判定课程设计的效果,并据此做出改进课程的决策。多彩课程是一门融综合性、实践性、开放性、生成性与自主性为一体的课程,在教学实践中提倡与课外活动和社会实践活动紧密联系,表现出如下价值趋向。

第一,突出从学习者的生活经验出发,注重实践性。没有将学习内容转化为学生个人经验,学习就不可能有真正意义,教学实施过程中要充分提供有效的与学生生活相关的生活情景有关的素材,让学生有一个感受和体验过程。密切课堂与生活的联系,有助于学生对学习意义的理解,激发学习的动机,也有助于提高学生学习的兴趣,素材可以由教师的搜集,也可以由学生自己的收集。

第二,课程的设计是综合性的,倡导课程整合,有助于拓宽学生视野,克服由于学科彼此独立对个体施加影响造成知识割裂,让学生眼中的生活更完整、更客观、更真实。

第三,增强课程的开放性。在实施课程教学时,要突破围绕课堂进行教学的传统方式,通过调查、访问、资料收集、网络信息等适时开展教学活动,以提高教学情境的适应性、实践性、合理性。

第四,凸显课程评价的价值。通过课程评价,不仅能够证明课程的可行性和有效性,而且能够纠正课程实施中的不足之处。同时,也能够积累一定的经验,使得课程开发者在以后的开发工作中吸取教训。

一、建设"多彩学科",推进学科特色课程的全面落实

让每一个学科多姿多彩,是学校课程改革的标志。建设"多彩学科",是推进学校课程深度变革的路径。

(一)"1+X"特色学科课程群

制定"1+X"特色学科课程群方案，各学科从现状分析出发，从学科课程、学科教学、学科学习及学科团队等四个维度，考虑学科理念、发展目标、发展途径和策略等学科建设的重要问题，在学科层面建立起"1+X"特色学科课程群。

学校各学科将研制特色学科建设方案，主要包括：①《"多彩语文"学科建设方案》；②《"多彩数学"学科建设方案》；③《"多彩英语"学科建设方案》；④《"多彩科学"学科建设方案》；⑤《"多彩体育"学科建设方案》；⑥《"多彩音乐"学科建设方案》；⑦《"多彩美术"学科建设方案》；等等。

(二)"多彩学科"建设评价标准

学校制定特色学科建设评价指标体系，对各学科的建设和发展进行评价，促进特色学科的形成(表4-3)。

表4-3 厦门实验小学特色学科建设评价指标体系

一级指标	二级指标	评价标准	评分 K_i				
			分值 M_i	A 1.0	B 0.8	C 0.6	D 0.4
1.特色学科发展规划（14分）	1.1 特色学科发展理念	1.1.1 符合时代和社会发展要求 1.1.2 遵循学科发展的内在逻辑 1.1.3 与学科教育的目的、价值相吻合 1.1.4 满足学生的发展需求、符合学生的个性发展要求	8				
	1.2 学校的学科传统与实际情况	1.2.1 切合学校已有的学科传统 1.2.2 符合学校资源配置的实际情况，从学校的实际问题出发 1.2.3 学科发展规划具有明确、清晰、可发展性的目标	6				

续表

一级指标	二级指标	评价标准	评分 K_i				
			分值 M_i	A	B	C	D
				1.0	0.8	0.6	0.4
2.特色学科标志（36分）	2.1 学科团队	2.1.1 学科队伍结构（职称、年龄、知识等）优化，梯队合理，发展趋势良好 2.1.2 学科带头人具有深厚的专业背景、较高的教学和科研水平，有一定的影响力 2.1.3 具有一批教学水平较高，教育科研能力较强，在学科梯队中承前启后的学科骨干	9				
	2.2 学科课程	2.2.1 具有结构完整的学科课程体系 2.2.2 形成相互渗透、相互依托的学科课程群 2.2.3 学科课程突出校本特色资源优势	9				
	2.3 学科教学	2.3.1 具有特色的课堂教学，多样化的教学风格 2.3.2 符合学生特点、激发学生主动参与的教学方法和手段 2.3.3 形成具有本校特色的学科教学经验	9				
	2.4 学科学习	2.4.1 学生具有主动学习的意愿，对学习有兴趣 2.4.2 学生树立正确的学习观念，掌握有效的学科学习方法 2.4.3 学生的学科素养获得提升	9				

续表

一级指标	二级指标	评价标准	分值 M_i	评分 K_i			
				A 1.0	B 0.8	C 0.6	D 0.4
3.特色学科 建设条件 (18分)	3.1 学科教学条件	3.1.1 有图书资料室,学科类图书资料种类多 3.1.2 学科教学手段与设备(仪器设备、电教器材、实验室)的建设与使用 3.1.3 有学科教师开展教科研活动的场所	6				
	3.2 学科运行机制	3.2.1 具有规范化、制度化的学科教师培养制度,学科教师培训常规化 3.2.2 具有完善的学科教研制度,如集体备课制度、听课制度、评课制度、质量监测制度、小课题研究制度等	6				
	3.3 学科文化	3.3.1 具有良好的学科教研氛围和教研组文化 3.3.2 生成良好的学术环境和奋发向上的学科文化	6				
4.特色学科 成效 (32分)	4.1 学生的全面发展	4.1.1 学生发展的精神面貌良好,学习的主动性表现充分 4.1.2 形成水平较高的特长生群体 4.1.3 学生参与的范围比较广 4.1.4 学生成果展示丰富	8				
	4.2 教师的专业成长	4.2.1 精神面貌:教师对教学与科研具有信心,教师自我效能感增强 4.2.2 业务能力:教师形成自己的教学特色和教学方法,教学水平、科研能力、课程开发能力得到提升	8				

续表

一级指标	二级指标	评价标准	评分 K_i				
			分值 M_i	A 1.0	B 0.8	C 0.6	D 0.4
4.特色学科成效（32分）	4.3 教育科研成果	4.3.1 开展与特色学科相关的课题研究 4.3.2 取得反映研究质量的科研成果,如开发出有特色的学科教材,发表关于特色学科建设的文章、出版的著作等	8				
	4.4 社会影响力	4.4.1 取得一定理论与实践经验,获得良好的社会声誉 4.4.2 得到学生、教师、家长的认可与支持 4.4.3 特色学科建设的经验具有一定的推广性,成为其他学校借鉴的对象	8				

（注：计分方式为 $M = \sum K_i M_i$，其中 K_i 为评分等级系数，A、B、C、D 分别为 1.0、0.8、0.6、0.4，M_i 是各三级指标的分值）

二、规划"项目式"课程，打造学校特色课程品牌

学校规划了基于地域和学校特色的项目式课程群——校馆合作项目式学习课程。学校和当地的植物园、艺术馆、科技馆、博物馆等公共文化机构之间构建教育合作关系。充分利用当地公共文化机构所能提供的独特资源深入实施校本课程变革、编写校本教材、开设项目式课程，以培育学生发展核心素养为目标，以"授之以渔"为指导思想，依托"馆本课程""实习研究员"等项目的学习活动，发展学生研究性学习能力，提升学生综合素养。

按年段分类，每个年段签约一家校外场馆，通过"走进去、请过来"的方式开展课程。其中，"走进去"是以场馆的教育资源为工具，营造校内课堂所没有的主题情境，让孩子沉浸其中，借助场馆所提供的资源进行项目式学习。"请过来"是将场馆工作人员、专家等专业人士邀请进校园，通过讲

座、表演、授课、实践等形式开展的项目式学习。目前我们根据场馆研究领域和性质的不同,规划了一到六年级的项目式课程群:一、二年级开展"故事爸爸妈妈进课堂"项目式课程,三年级开展"走进植物园"项目式课程,四年级开展"走进艺术馆"项目式课程,五年级开展"走进科技馆"项目式课程,六年级开展"走进博物馆"项目式课程,形成覆盖全年级的、具有我校特色的品牌拓展性课程之一。

随着学校课程建设的推进,学校与专业园馆间的合作愈协调也愈深入。三年级"走进植物园"已经实施开展"奇妙的植物世界""叶之密语""花花世界""雨林探秘"和"百变多肉"等主题的研学活动,除有一次在本校多功能厅开展教学外,其他主题均在植物园内开展,每个户外主题的活动时长大约为两个小时。四年级"走进艺术馆"开展了"走近高甲戏,探寻闽南文化之美""走近木偶戏"两个主题的研学活动。五年级各班分批次到厦门科技馆进行参观与上课,每学年开展八次,上下学期各四次,以科技馆老师进学校讲座和孩子们进科技馆学习为主要形式,课程共有十个章节,涵盖了八大项目主题,每一章承载了不同的课程目标和达成效果。六年级"走进博物馆"课程,在华侨博物院、陈嘉庚纪念馆等馆所开展"华侨足迹""遇见陈嘉庚""南侨机工的征途"等主题探索活动。

[案例]

"走进植物园"项目式课程之
叶之密语——探究植物"叶"的秘密

《义务教育小学科学课程标准》的"生命科学领域"中对于开展"植物"教学的活动建议是:"教师应指导学生,通过对植物的观察,学习观察和简单的归类方法,初步认识生活中常见的植物和植物资源的多样性,意识到植物与人类关系的密切,认同保护生物多样性的重要性。"实现这一活动目标单纯靠教师在教室里的教学活动,学生难以有充分的认知和感受,而亲临"植物园"这一真实的情境,学生所接触到的一切便是真实的、多样的、立体的。

一、课程重点

本课程旨在通过样方调查、自然游戏和参观游览的方法,引导学生在植物园这一真实的情境中运用多种感官观察植物的叶缘、叶形和叶片结构(叶脉),进一步认识到叶子的多样性特征。本课程主要培养学生观察能力、动手能力及团队合作的能力。

【涉及领域】科学、数学、美术。

【建议年级】小学三年级。

【建议时间】2小时。

【材料】板夹、学习手册、铅笔、卷尺、红色纤维绳、地钉、铁锤、固体胶。

二、课程任务

学生以小组为单位,在植物园老师的带领下经历六个学习活动:叶形小调查、叶型对对碰、闻香识物、叶片拼图、观赏冷室植物、观察温室植物。了解植物园奇趣园内不同植物的叶片特点,掌握"打样方"的科学探究方法,提高团队协作的能力。

三、课程步骤

(一)开场

地点:百花厅门口。

时间:10分钟。

授课内容:

1.安全提醒

(1)自觉遵守秩序,遵守主讲老师的安排。

(2)奇趣园内水域较多,请不要私自行动,防止跌落。

(3)上下楼梯及斜坡时,不做危险的行为如推搡、爬栏杆等。

(4)不能采摘园区内的任何植物,要爱惜大自然里的一草一木,奇趣园定期喷洒农药。

2.园区简介

"奇趣园"是植物园2017年春节才开放的,种植各类特色植物约200多种,建有轻巧简洁、自然生趣的温室和冷室,为形态迥异的趣味植物营造了良好的生境。区内汇集了植物园近60年来引种驯化的精华和成果,各植物科属均派出"杰出"的代表移居于此,它们有的相貌惊人,有的萌态可掬,有的色彩艳丽,有的气味奇绝。高矮胖瘦,奇形怪状,令人目不暇接。

3.学生思考以下问题

(1)日常,我们是如何分辨同学的呢?(五官、高矮等特征)

(2)想要认识不同的植物,我们可以用什么方法呢?通过叶子可以区分出不同的植物吗?(让学生尽情地说,没有标准答案)那么,我们今天就试试看通过叶子能不能来辨认不同的植物。(每位老师在现场找一片叶子作为教具,用以展示)一片叶子我们可以从它的叶形、叶色、结构、味道来进行观察。

4.分组

一个班分成 4 队,每队再分成 3 个小组。每队搭配一名植物园授课老师、一名学校老师及一名家长。

(二)活动一:叶片对对碰

地点:奇趣园入口。

时间:15 分钟。

活动内容:

1.教师引导

教师引导学生观察发现:植物的叶缘都不相同,植物的叶缘可以分成全缘、睫状、齿状、波状等类型。

2.宣布任务及评价

【宣布任务】在指定范围内(奇趣园入口右手边灌木丛至白花异木棉处)找出两种叶缘类型不同的植物。

【评价表】学生自评表(表 4-4 中 a-2)。

3.展示各种不同的叶缘

【分享】活动结束后,每组学生说一说自己所找叶缘的特点,教师展示叶缘类型的卡片并举例。(见下图)

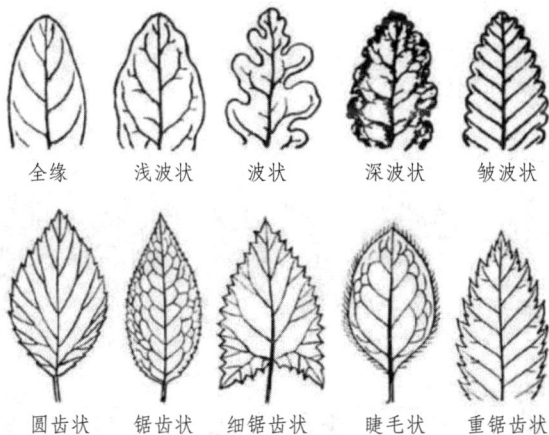

圆齿状　锯齿状　细锯齿状　睫毛状　重锯状

全缘　浅波状　波状　深波状　皱波状

"叶缘""叶缘类型"卡片

故事拓展:鲁班被茅草的叶子割破手指后,就是受叶缘有锯齿状的启发,发明了锯子。引导大家可以多细心观察,发明更多有益人类生活的物品。在野外,辨认植物也可以根据这些特征来进行判断。

(三)活动二:叶形小调查

地点:奇趣园办公室门口。

时间:20分钟。

活动内容:

1.教师介绍"打样方"的探究方法

"打样方"是用于调查植物群落数量而随机设置的取样地块,根据调查面积的大小来确定样方的面积和数量。因调查对象不同,每类"样方"面积一般为:草本在 $1 m^2$ 以上,灌木在 $10 m^2$ 以上,乔木在 $100 m^2$ 以上。今天测定的为草本植物的叶形,应该在草地上打出一个 $1 m×1 m$ 的样方。

2.宣布任务及评价量规

【宣布任务】各小组在指定区域内划分出一平方米正方形的"样方",并寻找"样方"内的所有叶形。(叶形汇总单见下图)

【具体方法】在要测定的草坪上用钉子设置一个起点,然后用卷尺在草地上分别量出边长为1米的正方形,将地钉定在正方形的四个角上,最后将纤维绳固定在地钉上,完成打样方。

【评价表】见学生自评表(表4-4中a-3)。

3.展示调查到的叶形

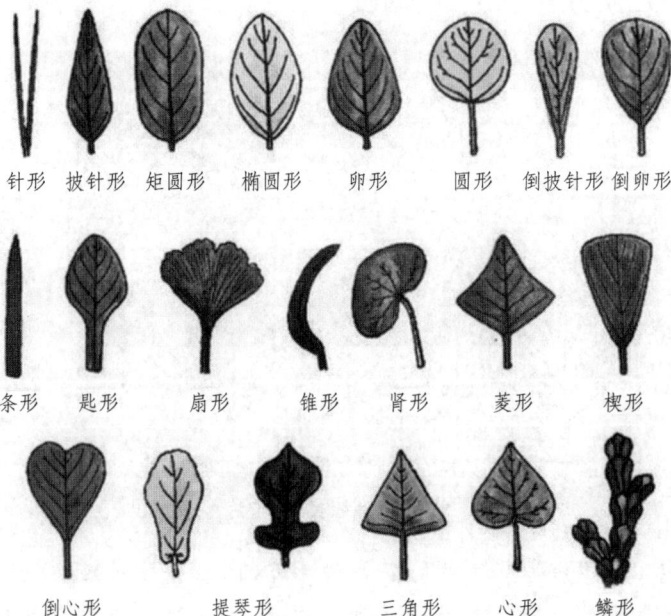

| 针形 | 披针形 | 矩圆形 | 椭圆形 | 卵形 | 圆形 | 倒披针形 | 倒卵形 |

| 条形 | 匙形 | 扇形 | 锥形 | 肾形 | 菱形 | 楔形 |

| 倒心形 | 提琴形 | 三角形 | 心形 | 鳞形 |

"叶形"汇总单

(1)汇报找到了几种叶形,并验证每组找到的叶形种类是否正确。

(2)拓展分享:有见过这里没有的叶形吗? 根据这个小调查,我们可以发现一块小小的草地上能找出这么多不同的叶形,那如果将此次调查放在更大的区域里,比如说一整片森林里呢,叶形是不是会多很多呢?

(四)活动三:叶片拼图

地点:亭子。

时间:20分钟。

活动内容:

1.观察叶片的结构,发现叶脉

【活动】学生就近仔细观察各种叶片的结构,发现共同的特征:叶脉。

【思考】学生讨论叶脉的作用。

叶脉是叶片上可见的脉纹。叶脉是叶片吸收水分、营养物质的通道,对叶子还有支撑作用,叶脉是叶的输导组织与支持结构。

2.完成叶片拼图,发现不同的脉序

【宣布任务】学生根据叶脉的走向将信封内的叶片拼图拼成完整的叶子。每个信封装有三种脉序的叶片拼图(红背桂、箬竹、银杏各裁 5 刀),分组合作完成。

【评价表】见学生自评表(表4-4中a-5)。

【总结】活动完成后,请学生观察其他小组的拼图,说出每个组叶脉排列方式的特征,最后教师总结出脉序主要有三类:网状脉序、平行脉序、分叉脉序。

(五)活动四:闻香识物

地点:冷室后门。

时间:15分钟。

活动内容:

1.导入

引导学生了解识别不同的植物除了根据叶子的叶型、叶形外,还可以通过“闻气味”来识别。

2.闻香识物

【宣布任务】每组领取一个装有香味植物的小瓶子,闭眼闻出该叶片的气味,并根据该叶片散发出的气味寻找园区内对应的植物。

【评价表】见学生自评表(表4-4中a-4)。

【汇报】根据各组的发现,带领所有学生观察柠檬、肉桂、众香的植株。

3.讨论叶片气味的作用

【组内讨论】叶片为什么会有香味呢？味道对它们有什么作用？

【小结】植物叶片中存在腺体,会分泌有味道的挥发性物质,有的植物不是只有花才有香味,它的叶片、根、茎、果实都有味道。对植物本身来说,具有防止病原菌侵入和趋避害虫的保护作用,还可对周边植物起到提醒作用,告诉周边植物有敌人入侵。

（六）活动五:观赏温室、冷室植物（20分钟）

地点:奇趣园温室、冷室。

时间:20分钟。

活动内容:

1.认识特殊的叶变态结构

【游览】教师带领学生观察温室内的食虫植物。

【讨论】分析茅膏菜、瓶子草、猪笼草和捕蝇草的叶片结构,讨论这些叶片的特殊叶变态结构。

2.植物的捕虫方式

【小结】

（1）猪笼草的捕虫方式

引诱昆虫——捕抓昆虫——利用消化液来分解与吸收——利用吸收到的养分来维持生长。猪笼草捕虫囊的开口边缘基部含有能分泌蜜露的蜜腺,以诱使昆虫采吃时陷落瓶中。瓶内消化液由水与消化酶组成,可将昆虫淹死和将其消化吸收,承担这种功能的是位于瓶壁的众多消化腺体。此外,细菌的衍生亦有助于消化和分解虫体。

（2）捕蝇草的捕虫方式

捕蝇草的叶缘部分含有蜜腺,会分泌出蜜汁来引诱昆虫靠近,当昆虫进入叶面部分时,碰触到属于感应器官的感觉毛两次,两瓣的叶就会很迅速地合起来,生长于叶缘上的刺毛就会紧紧相扣地交互咬合,其目的就是防止昆虫脱逃。捕虫器需要两次的刺激,为的是确认昆虫已经走到适当的位置。捕虫夹子快速关闭,以便捕到昆虫,此时捕虫夹只是夹住昆虫而已;捕虫夹向内收缩,以便使捕虫夹的内侧能够尽量贴近昆虫,这时,捕虫器已经完全紧闭,不留一点缝隙。捕虫夹关闭数天到十数天,此时昆虫被分布于捕虫器上的腺体所分泌的消化液消化,两片叶瓣内侧密集的内腺体会分泌出消化液,利用这些消化液中含有的蛋白酶,将昆虫的蛋白质分解成以氮、氧、碳、氢为主,还可能包括其他元素构成的氨基酸并进行吸收。一般四天左右能分解完成并吸收较易消化的部分,这些养分都吸收完毕之后,叶瓣就会再度打开,全部时间大约需花5～10天。每个叶片大约可以捕捉12～18次,消化3～4次,超过这个次数,叶子就会失去捕虫能力,为最后的光合作用做出应有的贡献,然后渐渐枯萎。

(3)瓶子草的捕虫方式

瓶子草的瓶状叶是有效的昆虫陷阱,囊状的瓶状叶有鲜明的色彩,其开口处常分泌香甜的蜜汁以引诱昆虫前来采吃,一旦受骗的昆虫爬到顶端,并试图跨过瓶口爬进内壁时,由于内壁很滑而滑落瓶中,掉进瓶内的消化液中,力图从瓶中爬出来的昆虫,被内壁的倒刺毛挡住去路,最终因挣扎无力而重新掉进消化液中淹死。瓶子草的消化液含有由瓶壁腺体分泌的蛋白分解酶,它可将溺死的昆虫尸体的蛋白质溶解,变为营养物质氨基酸被瓶壁吸收。

3.认识秋海棠的叶片结构

【参观游览】教师带领学生参观冷室内的秋海棠。

【布置任务】学生总结秋海棠科植物叶片的特点。

【评价表】见学生自评表(表4-4中a-6)。

【小结】秋海棠科植物的叶子特点:它们的叶子一般都是叶基部歪斜,两侧不对称。

4.课后拓展提升

【思考】关于植物的叶子,学生还想研究的问题是什么?打算怎么继续去研究?

表4-4 学生自评表

评价方向	评价内容	自我评价
a 知识构建	a-1:在本次活动中,你收获最大的是什么?	
	a-2:在"叶片对对碰"环节中,你们组找到几种不同的叶缘呢?试着画一画吧	
	a-3:在打样方的过程中,你共找到几种叶形的叶子?试着画出其中两种	
	a-4:说一说你闻到的叶子是什么气味的呢?你怎么看待植物叶子会有独特气味这件事呢?	
	a-5:在拼叶子的活动中,你是根据什么来组拼的呢?	
	a-6:仔细观察,你发现秋海棠的叶子有什么特点呢?写一写或者画一画吧	

续表

评价方向	评价内容	自我评价
b 沟通协作	b-1:在小组活动的过程中,你曾对组员提出哪些意见呢?	
	b-2:写出本次活动过程中你所承担的任务及与小伙伴合作成功的事例	
c 情感与态度	c-1:描述本次项目完成过程中你的心情以及你对本活动的见解	

【案例】

“走进艺术馆”项目式课程之
走进交响管乐!

一、课程目标

《义务教育小学音乐课程标准》的“课程基本理念”中对于音乐文化多样性建议是:“理解音乐文化多样性”是顺应时代发展需要、发挥音乐艺术特点。音乐作为最能表达人类情感的艺术形式,它对增进不同民族、不同地域的人之间的了解具有重要意义。因此,音乐课程学习让学生能够接触不同国家、不同民族的音乐,使学生能够直接体验世界音乐文化的多样性,通过情感的交流促进国际上人与人的交流与合作,增加人与人之间的感情,更好地理解音乐文化多样性的含义,热爱音乐文化的多样性,关注音乐文化多样性的学习。

透过一系列的讲座让学生对于管乐有初步的认识,并带领学生到音乐厅内,近距离欣赏各式不同编制的音乐演奏,将管乐课程结合简单、有趣的游园活动,提升学生兴趣的同时也将高雅的管乐形象化,让音乐即生活、生活即音乐。

二、课程重点

本课程旨在通过讲解管乐团的各项乐器及相关知识,让学生具备管乐的初步认识,接着聆赏不同乐器,让学生感受各项乐器的声响差异与魅力,引导学生仔细分辨声音的异同,培养其品位并与学生互动,建立个人喜好。最后通过游园活动,将复杂的乐器演奏,解构为简单而方便操作的概念游戏,让学生在游戏中学音乐、在音乐里寻乐趣。本课程主要培养学生听觉能力、反应能力及学习能力。

(1)涉及领域——音乐。

(2)建议年级——小学四年级。

(3)活动时间——1 天。

(4)材料——文具、学习单、游园相关用具(乐团提供)。

三、课程任务

学生以班级为单位,管乐团的工作人员作为引导,完成以下三个活动:

(1)通过"听!是谁在唱歌?"讲座初步了解管乐的背景及相关知识。

(2)在音乐厅内进行"音乐会聆赏"活动,并且与各种乐器互动体验。

(3)在厅内进行"管乐游园会",借由活动体验"一日管乐团"生活。

四、课程步骤

(一)复习前日讲座,介绍音乐会欣赏礼仪

音乐会欣赏礼仪:

(1)在观赏音乐会演出时,需要注意必须穿戴整齐服装,不可穿拖鞋进场;

(2)在会场内禁止饮食;

(3)音乐表演的每个节目开始、结束时请给予表演者掌声;

(4)演出的途中不应发出声音,不要随意走动;

(5)手机、手表等电子产品转为震动或关机。

(二)活动一

(1)介绍铜管五重奏。

铜管乐器有小号、圆号、长号、中音号、大号。铜管的音色小声时温暖宽阔,大声演奏能给予雄壮刚烈或者刺激突出的声响,在乐团里时常给予乐句前进的动力。因为铜管乐器的夸张音量对比,勇往直前的魅力,乐团里的铜管声部就如同声音的"肌肉"。

铜管五重奏分别由两只小号、一只圆号、一只长号、一支大号组成。

(2)铜管五重奏互动游戏。

(3)交流讨论:

①请用一段话描写铜管乐器。

②请写出你最喜欢的铜管乐器,并且告诉我为什么。

(三)活动二

(1)介绍木管五重奏。

木管乐器有长笛、单簧管、双簧管、大管。除了长笛以外,其他的木管乐器都有哨片与吹口。木管乐器虽然现今多改为金属的笛身或者按键,但是最初木管乐器在制作时采用的是竹子、木头等材料,将其穿孔打洞并吹奏,透过各个按键孔的震动发出声响,因此称之为"木管"。与铜管乐器相对,以木材为主体的木管乐器音量相对较小,数十个按键让演奏木管乐器需要熟悉大量的指法,也让木管能够快速地演奏成群的音符。因为木管经常演奏主旋律、善于表达情感,木管乐器就如同声音的"骨干"。

木管五重奏分别由长笛、单簧管、双簧管、圆号、大管所组成。虽然圆号属于铜管乐器,但其音色介于铜管与木管之间,能够兼具木管的温柔婉约,也能拥有铜管的刚毅勇猛,因此在铜管、木管五重奏之中都有圆号的一席之地。

(2)木管五重奏互动游戏。

(3)交流讨论:

①请写出你最喜欢的木管乐器,并且告诉我为什么。

②哪一个乐器同时出现木管与铜管的音色,为什么呢?

(四)活动总结

管乐团中,拥有木管、铜管与打击乐器,彼此担任不同的角色,各自有独特的构造及音色,结合起来就会让管乐团多姿多彩。另外,在聆听音乐会的同时,注意观赏的礼仪,并且能够分辨我们所欣赏的乐器具有什么特性。欣赏音乐,其实很简单。

【案例】

"走进科技馆"项目式课程之
消化大冒险——食物的旅行

生命与健康是小学科学课程中的重要内容。除了阳光和空气,食物为人体提供物质和能量,使其能实现生命的基本功能和生长。那么,食物为什么能够为人体提供物质和能量?这一过程又是如何实现的呢?这就要涉及食物中的营养物质及其在消化系统中的消化、吸收等过程。本主题课程即关注此问题,通过展品体验、实验、活动等多种方式引导学生进行探究学习。

一、课程重点

本课旨在通过展品体验、实验探究、游戏活动等方式让学生多感官地认识人类食物的营养成分、类型、功能及性质,同时为下一课时(食物的消化)做铺垫。本课主要培养学生观察能力、动手能力、实验探究能力和团队合作能力。

【涉及领域】科学、综合实践、艺术。

【建议年级】小学五年级。

【建议时间】90分钟。

【材料】学习手册、铅笔、橡皮、尺子。

二、课程任务

学生以小组为单位，在科技馆老师的带领下，经历四个学习活动：实验探究食物中含有能量；展品体验，认识食物的营养成分；认识六大营养元素，对食物进行分类；实验探究营养元素的性质。在此过程中完成学习手册相关章节的填写。

三、课程步骤

课程设计之初，每位学生会拿到一份 KWL 评估单，科技馆老师根据学生填写的 KWL 评估单，了解学生知识水平、兴趣点，并在接下来的课程中有的放矢地引导学生去解决问题。

课程开展时，一整班的学生将被分成 4 个小组，每个小组由一名科技馆指导老师和一名协助老师带队，分别进入四间教室开展课程，两位学校老师和一名家长轮流巡视各个小组的上课情况。

（一）开场

地点：科技馆教室。

时间：10 分钟。

授课内容：

1.导入

（1）播放关于美食、运动与生命健康的视频。

（2）学生思考：人为什么要吃食物？这些食物是从哪里来的？

（3）引导学生思考并说明人的生命活动需要能量，食物中的营养物质能够提供能量，人类的食物来源于生物圈中的其他生物。

2.引出课题，点明激励原则

【课堂实录】"看来同学们都是非常专业的吃货达人。吃，有时候是一种诱惑，有时候却有一堆疑惑，怎么吃才更健康呢？让我们跟着食物来一场消化大冒险，解开当中的疑惑吧，吃'惑'达人冒险团正式欢迎同学们的加入！我们为大家准备了吃惑达人徽章，表现优秀的同学将获得这个徽章，所以请大家跟着老师一起努力吧！"

（二）活动一：实验探究食物中含有能量

地点：科技馆教室。

时间：15 分钟。

授课内容：

（1）活动方式：让学生设计实验，对比食物燃烧前后水温的变化，以及不同食物燃烧后水温变化程度的差异。

（2）活动准备：食物材料（面条、黄豆、花生等）、酒精灯、烧杯、温度计、实验记录表。

（3）活动步骤：引导学生提出研究假设——控制变量，设计研究方案与实施步骤——开展实验操作。

（4）引导学生分析实验结果，从中得出实验结论并进行逻辑推理和解释：

①食物燃烧后水温升高，是由于食物中的有机物燃烧时分解释放出热能使水温升高，说明食物中含有能量，营养物质能为人体提供能量。

②不同食物燃烧后水温变化程度具有差异，是因为食物中含有的营养物质不同，所以燃烧时释放的能量不同。

（三）活动二：展品体验，认识食物的营养成分

地点：科技馆展厅。

时间：15分钟。

授课内容：

1.安全教育

【课堂实录】"接下来同学们要一起进入展厅，通过'自助餐桌'这件展品先来认识食物，在去展厅之前有几点要求请同学们遵守：保持安静，集体行动，听从安排，注意安全，并请大家带上纸笔将学习单上要求的内容填写下来。"

2.讲解展品，学生体验

引导学生将"自助餐桌"上自己喜欢的食物拖进自己的餐盘，观察餐盘中营养元素的含量的变化，并填写学习手册中的表格。

体验展品：

探究主题：食物为我们的生命活动提供哪些营养物质呢？

请同学们体验"自助餐桌"，并对餐桌上显示的信息进行记录（表 4-5）。

表 4-5　自助餐桌信息

食物	热量（千卡）	蛋白质（克）	碳水化合物（克）	脂肪（克）	纤维（克）

(四)活动三:认识六大营养元素,对食物进行分类

地点:科技馆教室。

时间:25分钟。

授课内容:

(1)展品体验结束,学生带着填好的学习手册回到教室,根据展品体验获得的信息,汇报自己喜欢的食物所含的成分及作用。

(2)教师引导学生归纳出食物含有的六大营养元素(糖类、蛋白质、脂肪、维生素、无机盐、水),运用猜谜、连线、材料阅读等形式,向学生解释说明不同营养物质的功能。

将下列营养物、食物来源和主要作用连线。

瘦肉、牛奶	糖类	维持正常的新陈代谢,增强抵抗力
蔬菜	蛋白质	备用的能源
土豆、米饭	脂肪	主要的供能物质
花生油、肥肉	维生素C	用于人的生长、组织修复、生命活动的调节

牛奶、虾皮	含钙的无机盐	儿童缺乏会造成生长发育不良
海带	含铁的无机盐	缺乏会造成贫血
生蚝、牡蛎	含钾的无机盐	儿童缺乏会造成佝偻病
菠菜	含锌的无机盐	地方性甲状腺肿

(3)引导学生利用食品包装袋上的营养成分表对食物的营养物质含量进行分析和记录,并引导学生对常见的几类食物进行分类并交流分类的依据。最后教师介绍我国营养学家对食物的分类方式,并让学生根据国家分类标准对现场提供的食物进行分类、完成学习手册。

我们身体所必需的六大营养素主要来自各类食物,而不同的食物所含的营养素各不相同,为了让大家能够选择适当的食物,并合理搭配,从而获得均衡营养,我国的营养学家把各种各样的食物分成了五类,接下来试着对我们准备的食物按照食物种类进行分类,并填入表4-6!

表4-6 食物种类

食物种类	食物
谷类	
蔬菜和水果	
鱼、虾、肉	
奶类和豆类食物	
油脂类	

(五)活动四:实验探究营养元素的性质

地点:科技馆教室。

时间:25分钟。

授课内容:

1.实验一:计量可乐中含有多少糖

(1)实验步骤:通过营养成分表了解饮料的含糖量,再通过电子秤称出等量的白砂糖,从而更直观地对比哪种饮料的含糖量最多。

(2)实验材料:可乐1瓶、芬达1瓶、美汁源1瓶、大麦茶1瓶、椰汁1瓶、白砂糖些许、一次性透明塑料杯1个、电子秤1个、实验记录单。

2.实验二:用碘鉴别含淀粉的奶

(1)实验步骤:准备两杯牛奶,其中一杯加了淀粉,利用胶头滴管吸取些许碘液,分别往两杯牛奶中滴入,轻轻晃动杯子,观察牛奶颜色的变化。

(2)实验材料:透明塑料杯2个、奶粉、淀粉、胶头滴管、碘液。

3.实验三:探究蛋白质的多样性

(1)实验步骤:将一个鸡蛋敲进不锈钢碗里,往里倒入液氮,组织学生观察鸡蛋的形态变化;取另一个鸡蛋的蛋清部分,利用胶头滴管往里滴入双缩脲试剂(或硫酸铜溶液),观察烧杯内产生的变化。

(2)实验材料:鸡蛋两个、液氮1桶、双缩脲试剂(或硫酸铜溶液)、胶头滴管、烧杯1个、不锈钢碗1个。

动手实验

实验一:

糖能够提供人所需的热量,但摄取过多会令血糖快速上升,导致血液中胰岛素增加,胰岛素会令身体更有效率地储存脂肪,引发肥胖,并增加患慢性疾病如心血管疾病的风险。

计量500 mL可乐含有多少糖,并记录下来。
实验记录:

实验二:

淀粉与奶粉外观类似,部分不良商家会将淀粉掺入奶粉中,吃"惑"达人们怎样分辨呢?

方法:	
纯奶粉现象	掺入淀粉的奶粉现象

实验三:

在热、酸、碱、重金属盐、紫外线等作用下,蛋白质会发生性质上的改变而凝结起来,这种凝结是不可逆的,蛋白质的这种变化叫作变性。

加入硫酸铜现象	加入液氮现象

（六）知识拓展

本节课适当科普了一些拓展性知识并不做深入介绍，旨在满足学生求学好奇心理的同时让学生的视野更宽广，也为日后的深入探究埋下伏笔。

1.为什么碘遇到淀粉会变色？

淀粉能吸附碘，使碘吸收的可见光的波长向短的波长偏移，棕色的碘液就变成蓝色。碘和淀粉的显色除吸附原因外，还有生成包合物的缘故。直链淀粉是由 α-葡萄糖分子缩合而成螺旋状的长长的螺旋体，每个葡萄糖单元仍有羟基暴露在螺旋外。碘分子跟这些羟基作用，使碘分子嵌入淀粉螺旋体的轴心部位。碘跟淀粉的这种作用叫作包合作用，生成物叫作包合物。

2.为什么蛋白质具有多样性？

除了鸡蛋，我们看到的蛋白质貌似多种多样，如红色的牛肉，白色的鱼肉、液态的牛奶等。这就是因为蛋白质的多样性。下面展示一个蛋白质的模型。他们由氨基酸分子通过肽键组合而成。由于氨基酸分子的种类多、排列顺序多样、肽键的延伸方向不同可以构造出各种各样的蛋白质分子。蛋白质是组成人体一切细胞、组织的重要成分。机体所有重要的组成部分都需要有蛋白质的参与。

（七）课程评价

学生自评表见表4-7。

表4-7　学生自评表

评价维度	评价内容	自我评价
知识建构	我们的食物含有哪六大营养素？	
	营养学家将日常食物分为哪几类？	
	在检测鸡蛋清成分时，我们使用的是什么检测剂？	
沟通协作	在展厅内参观"自助餐桌"展品时，你是否能文明参观、认真参观？请你给自己在参观中的行为表现打分（满分10分）	
	在探究食物中含有哪些营养物质的过程中，你在小组中承担的工作是什么？你对小组完成蛋糕制作任务，起到什么积极的作用？	
情感态度	通过本次课程，请你谈谈"过多喝饮料的危害"	

【案例】

"走进博物馆"项目式课程之
学习成果汇报展示

一、课程目标

(1)了解项目式学习的特点及本节整理课的主要目的。

(2)进行问卷调查,现场对调查结果进行分析。

(3)整理"走进博物馆"课时一项目式学习的学习收获、反思问题。

(4)开展"走进博物馆"模拟项目的学习探究。

二、课程重点

(1)进行问卷调查,对"走进博物馆"第一课时活动进行回顾、分析。

(2)整理"走进博物馆"课时一项目式学习的收获、存在不足和解决办法。

三、课程准备

教师提供课件、学习资源等,学生准备进行第一课时的成果交流,学校提供云平台支持。

四、课程步骤

(一)导入:激发兴趣,明确任务

1.导入,激发兴趣

师:刚刚过去的一个月里,我们开展了两次走进博物馆的活动,(出示照片)同学们去了华侨博物院和陈嘉庚纪念馆,所以吴老师设计了这节课,生读课题。

师:什么是整理课?

生交流。

师:在数学或语文的整理课,我们是怎样做的? 通过整理、归纳,总结出一些方法。本节课也是让同学们对走进博物馆课时一的活动进行整理、总结和反思。

2.现场问卷一

老师发送问卷(满意度测评),学生投票。

教师指导学生作反馈分析:满意率达 100%,为什么同学们会这么满意? 生交流。

(二)整理:总结收获,反思不足

1.播放视频回顾

(1)师:现在我们通过一段视频一起回顾一下那段难忘的经历。播放视频。

（2）从视频中，我们进一步了解了课时一有四个主题，分别是：走出国门、华社春秋、辉耀历史、赤子丹心。（我们班同学参与的主题是什么？）有四本研学手册。

每个主题有共同活动环节，哪些环节？生交流，师补充：学习导航、自主观展、合作探究、展示交流。

师：你认为哪个活动环节最有意义？你有什么收获？谁来先说说。生交流。

2.小组代表分享学习活动收获。

师出示课件：整理篇，小组讨论，总结本组在课时一的收获，反思存在问题和解决办法。

生交流。

师相机补充。（这收获也许是成功的收获，也许是不足的收获。所谓学然后知不足，明确了这些不足，以及不足问题如何改正，下次就可以得到修正。）

3.学生第二次投票，教师指导学生作反馈分析。

师推送问卷，学生完成投票。

师生分析问卷：

师：这份调查问卷包含三部分内容。一是对课程实施情况的调查。根据投票结果，同学们认为最有收获的是（　　）。在（　　）活动环节中有收获。认为需要改进的活动环节主要有（　　）。二是学习效果的调查。主要在（　　）等方面有收获，在（　　）上还存在不足。三是对预期学习项目的调查。同学们选择的（　　）主题比较多。

我们的课堂，真的给同学们选择权和发言权了，大家通过平板电脑，大胆地作出自己的选择，通过同学们真实的数据，也对"走进博物馆"课程做了一次很精准的评价和修正。

4.老师的建议

针对某个主题不受学生欢迎，老师适时提出自己的想法。

（三）合作：模拟项目，学习探究

（1）提出模拟项目的任务、要求

师：为了方便同学们合作探究，老师给每个小组一张模拟项目计划单。出示课件，说明任务要求：小组讨论，确定共同的模拟项目，借助学习资源，合作完成模拟项目计划单，5分钟后拍照上传到班级作品库。

（2）学生小组合作对模拟项目进行学习探究，师巡视。

（3）检查计划单上交情况，小组代表做交流反馈。

(4)小结:做好计划是成功的一半。但这个计划要做得好,也是不容易。

(四)总结评价

(1)交流整理课的收获。通过整理,你有什么收获?

(2)邀请华侨博物院院长助理贺春妮上台,一是感谢华博老师为学生们的学习做了大量工作。二是请她介绍他们做了哪些工作,对同学有什么期望。学生可以随机采访一两个。

(3)华侨博物院,除了华人华侨展厅,还有自然馆、陈嘉庚珍藏文物展,你们还想不想再参加"开发博物馆"的活动呢?生回答。

师:除了厦门,中国、世界各地有很多博物馆在等着同学们去参观、去探秘。我们期待下一次精彩继续。

问卷一

1.你是否喜欢走进博物馆活动?

A.喜欢 　　　　B.不喜欢 　　　　C.无所谓

2.你对第一课时"走进华侨博物院"满意吗?

A.非常满意 　　　B.满意 　　　C.一般 　　　D.不满意

问卷二

1.课时一,你认为最有收获的是哪一个活动环节?(单选题)

A.学习导航 　B.自主观展 　C.合作探究 　D.展示交流

2.课时一,你认为有收获的是哪些活动环节?(多选题)

A.学习导航 　B.自主观展 　C.合作探究 　D.展示交流

3.课时一,你认为在哪个方面需要改进?(多选题)

A.学习导航 　B.自主观展 　C.合作探究 　D.展示交流

E.不需要改进

4.课时一,你在哪个方面有较明显的学习收获?(多选题)

A.了解华人华侨历史 　　B.增强爱国情 　　C.加强团队合作

D.提高动手实践能力 　　E.学会规划管理 　　F.没有收获

5.课时一,你认为自己在哪些方面存在不足?(多选题)

A.参与积极性 　B.与他人合作 　C.认真倾听 　D.动手实践能力

E.时间管理 　　F.控制音量 　　G.没有不足

6.如果还有机会,你想要参与的是哪一个主题活动?(单选题)

A.走出国门 　　B.华社春秋 　　C.辉耀历史 　　D.赤子丹心

三、开设"寻美厦门",推进实践体验课程的实施

(一)"寻美厦门"主题实践活动

依据各年级德育目标构建符合学生实际的综合实践活动课程。重点研究以"寻美厦门"为核心的社会实践活动系列课程,整合德育课程资源,系统建构"寻美厦门"主题实践活动课程。

我们与美近在咫尺,又与美远隔天涯。之所以说与美距离很近,是因为它包含在维系我们生命的衣食住行当中;之所以说美与我们距离很远,是因为我们并不以为日常所见的事物包含美的元素。我们要善于在厦门乡土文化之中采掘人性资源,于美丽的城市故事里呈现人情温暖,从故乡文化历史中寻觅人文遗产,并把乡土、亲情和历史的书写交织在钟灵毓秀的自然背景上,引领儿童走向风光旖旎的寻美之旅。

对于小学生来说,他们已经对美的概念有了自己的理解,也会介入自己的感情、思想,有意识地去挖掘生活当中的美,去感受内心被美洗涤的畅快。但是我们不能一味地从生活当中索取,这样会使得美的空间越来越小。所以在对美的概念进行掌握的基础上,要发挥想象力、创造力去创造美,营造一个来自自己内心或脑海美的空间。因此,教师要引导学生在动手实践中去创造美,通向"寻美之旅"。对于教师来说,不要为了教学而教学,要站在学生的立场上去想,摆脱教材的束缚,将课堂延伸到生活中去,让学生通过动手实践,在寻美的旅途中,拾金捡贝。

(二)"寻美厦门"的评价要求(见表 4-8)

表 4-8 "寻美厦门"学习评价表

评价指标	内 容	评 价		我的收获
		自评 ☆☆☆☆☆	互评 ☆☆☆☆☆	
学习表现	对活动感兴趣,能主动投入			
	乐于合作,勇于负责,善于沟通			
学习能力	有序交流,乐于表达			
	会思考,能提问,有质疑			
	在学习过程中的适应性			
实践能力	完成活动要求的实践活动与动手能力			
总评				

说明:评价分为"优、良、合格、须努力"四个等级,总评由教师填写

以活动、体验为主的课程,如综合实践活动(含社会实践活动)、心理健康、体验课程中的各种学习活动,以完成某一个活动项目情况开展即时性评价,学习成果则根据学生完成的作品(作业)进行评定,学期累计各项学习活动的完成情况进行总评确定等级。

四、设计"凤凰花开"系列主题课程,推进专题聚焦课程的统整实施

凤凰花开,铺满整个校园,感染所有师生。她像红伞,灿烂,奔放;她像云霞,一团团,一簇簇,把整个校园都染红了。盛放的凤凰是实小文化的生动写照。她是那么的唯美,那么的热烈,那么的青春,那么的蓬勃,那么的奔放!学校将以此为主题,推进专题教育系列课程。

(一)"凤凰花开"专题聚焦课程

"凤凰花开"专题聚焦课程包含安全教育、行规教育、民族精神教育、生命教育、青春期教育等专题课程。聚焦这些专题创意设计"凤凰花开"系列课程:让儿童拥有美好品格的 100 个细节、让儿童终生难忘的 100 幅世界名画、100 位艺术家告诉你、中国最美的 100 个地方、影响世界的 100 个历史事件、最管用的 100 条学习经验、全球最美的 100 个浪漫之城、世界历史上最著名的 100 个人物、世界阅读日的 100 本书单、值得看的 100 部经典纪录片、100 个孩子与世界的对话、生命教育的 100 个"为什么",等等。在课程实施上,努力实现与学科课程的统整。

(二)"凤凰花开"专题聚焦课程的评价

根据学校实际与学生自主、个性化、多样性发展的需求,走课程建设校本化、校本课程精品化之路。评价内容见表 4-9。

表4-9 "凤凰花开"专题聚焦课程评价表

课程名称						
评价项目	评价内容与要求	评价形式	权重值			
			A	B	C	D
形式标准 (26分)	1.符合"凤凰花课程"的规划要求	查阅资料	8	6	5	4
	2.有课程纲要,有课程实施的说明或建议		10	8	6	4
	3.有课时保证,有必要的专用教室或场地	实地查看	8	6	5	4
内容标准 (42分)	4.尊重学生的兴趣与自主发展需求,着眼于学生的全面发展	问卷调查	8	6	5	4
	5.立足学校及地区实际,挖掘校内外资源优势,开设的课程体现本校特色	查看教案 课堂观察	8	6	5	4
	6.课程内容结构合理,兼顾学生知识与技能、过程与方法、情感态度与价值观等方面的发展		8	6	5	4
	7.采取生动、开放、灵活的组织形式,激发学生动手、动脑、动口和自主、合作、探究的学习热情		10	8	6	4
	8.能与各学科知识融会贯通或作为国家课程的知识拓展		8	6	5	4
成效标准 (32分)	9.课程宣传有亮点,有广泛的学生参与度	成果呈现	8	6	5	4
	10.有作品展示、创新设计、档案袋记录等形式的研究成果		8	6	5	4
	11.有特色表演、实物制作、诵读演讲等多种成果展示活动		8	6	5	4
	12.学生和家长对课程有较高的满意度	问卷调查 随机访谈	8	6	5	4

注:①评价结果分优秀(85分以上)、良好(75～84分)、合格(60～74分)、不合格(60分以下)四个等级,作为教师学年度履职考核的依据之一。②每学年从优秀等级的课程中,再评选出精品课程3～4门,给予适当的物质奖励。③对被评为"合格"的课程,学校将组织力量进行诊断、反思、促进提升。④有下列情形之一的,取消课程或更换课程实施者:课程没有吸引力,学生选课参与率低;无课程纲要与实施计划,采取走一步算一步的态度;目标严重偏离;课程内容违背教育规律或不利于学生健康成长;学年课程评价结果为不合格。

五、创设"多彩节日"，推进节庆文化课程的全面实施

儿童对于节日的喜爱源自天性。学校以"课程嘉年华"为平台，开发具有时尚、艺术、娱乐等元素的 50 个校园节日，将德育和团队活动通过一个个校本节日展现出来。以艺术节、科技节、读书节、美作节等丰富多彩的节日活动为载体，引导学生发现美、欣赏美、向往美，从而表现美、创造美。同时，还可以把丰姝创作与传统节日结合起来，采取写生活动、志愿者服务活动、社会考察活动等形式，提升学生的核心素养，全方位地提升学校的文化品位，让丰富多彩的大型节日活动吸引学生，给学生的校园生活留下美好的回忆。

（一）"多彩节日"系列设计

策划、研究不同的主题节日，每个学期开始前，学校集体商讨本学期"节日"主题。如学校可以推出绚烂多彩的"涂鸦节"、热火朝天的"劳动节"、色彩斑斓的"油画节"、传递温情的"爱心节"、生机盎然的"花卉节"、开阔眼界的"旅游节"……这些都可以是学校的校本节日活动。对于学生来说，校园节日是难能可贵的课程。学校的"多彩节日"安排见表 4-10。

表 4-10　厦门实验小学"多彩节日"活动安排表

时间	节日名称	活动主题	活动内容	负责人
2月	春节	欢欢喜喜迎新年	1.了解春节的由来和重要习俗 2."日行一善"志愿者自主行动。走入社区，参与社区组织的各项公益活动，填写社会实践表 3.学生开展关于压岁钱的调查：学会合理支配压岁钱，填写压岁钱使用情况调查表（1～2年级）	班主任大队部
2月	元宵节	扎盏花灯闹元宵	1.通过读书、电视、报纸等媒体了解元宵节等传统佳节的来历与风俗习惯，以剪报的形式体现出来（素描纸） 2.通过读书、电视、报纸等媒体了解元宵节等传统佳节的来历与风俗习惯，制作祝福卡，记录亲朋好友的祝福、赠言、心愿等	班主任大队部

续表

时间	节日名称	活动主题	活动内容	负责人
3月	爱心节	向雷锋叔叔学习	1.主题升旗仪式——学雷锋主题讲话 2.学唱雷锋歌曲、校园艺术节演出 3.做一个有爱心的人——以实际行动向雷锋叔叔学习,开展学雷锋实践活动 4."让爱充满校园　雷锋与我同行"主题板报、主题队会 5.成立小学师生"学雷锋志愿岗"	
3月	妇女节	献给母亲的爱	结合三八国际妇女节,每个少先队员要争做一名感恩小雷锋,动手精心设计送给妈妈或老师的礼物,让妈妈微笑(制作一张节日贺卡、交一份最出色的作业、给妈妈写一封信、为妈妈做一件家务活)	班主任
4月	清明节	缅怀先烈秉承遗志	1.开展"我们的节日——清明"主题活动,以讲故事或观看爱国主义影片的方式,了解英雄的生平事迹,制作一份清明节的剪贴报或手抄报 2.结合体育组,以家庭为单位在清明节期间开展放风筝比赛	信息组班主任
4月	体育节	健康运动快乐成长	体育春季运动会 每年的阳光体育活动	体育组
4月	读书节	读书伴我成长	读书节开幕式经典诵读活动 以教室内的瓷砖墙、读书角为主阵地,师生共同布置"悦读墙" 各年级依据学生的年龄特点,在班内开展不同形式的阅读活动	班主任
5月	劳动节	向身边的劳动者致敬	开展"感恩长辈"活动,"奉献社会"活动,填写"五一节——做一个有道德的人"社会实践表	班主任大队部
5月	艺术节	艺术之花香满校园	学生兴趣小组活动成果展示	艺术组
6月	儿童节	建校五周年校园艺术节	七彩童年、放飞生命艺术节活动暨表彰大会	艺术组大队部
9月	教师节	我与老师的情缘	1.向老师交一份满意的作业 2.献给教师的诗歌	班主任

续表

时间	节日名称	活动主题	活动内容	负责人
9月	重阳节	尊老敬老	在家庭开展尊老活动	班主任
10月	国庆节	祖国妈妈我爱你	1.观看爱国主义影片，开展观后感作文大赛 2.观看国庆阅兵仪式录像资料	班主任
10月	万圣节	"异国风情园"	1.教室布置具有万圣节氛围 2.学习与万圣节相关的英语单词 3.学唱万圣节儿歌 4.装扮成自己喜欢的卡通人物在老师的带领下到各班级巡演，做"讨糖果"游戏 5.展示自己的才艺赢得糖果，并将赢来的糖果与班级同伴一起分享	班主任英语组
12月	圣诞节	异国风情园	1.教室布置具有圣诞节气氛 2.学习与圣诞节相关的英语单词和歌曲 3.向家长老师展示外国语学习的成果 4.与外教一起互动游戏 5.与圣诞老人互动送礼物	班主任英语组

此外，学校还创设有校本特色的"每月一节"学术节，作为"多彩儿童"的活动载体，丰富学生的生活，发挥学生的特长，展示学生的才能，促进学生的发展。例如：

二月为年文化节，以"年文化"为主题，各年级分别以年货、年光、年俗、年味、年拍、年话为核心，统整学科，制定成寒假特色作业，形成年文化的微课程，开学举行寒假特色作业展，并推荐评选表彰。

三月为数学节，数学节期间每年设置一主题，围绕年级数学知识，开展相应的比赛，如一、二年级口算比赛等，三至六年级举行数学手抄报、黑板报、数学日记、数学故事评比等。有方案、评比和表彰。

四月为音乐节，音乐节期间每年设置一主题，开展"童心向党"合唱比赛，开展"校园音乐达人"和"校园好声音"活动等。有方案、评比和表彰。

五月为书画节，书画节期间每年设置一主题，开展书法、绘画作品评比，开展摄影作品展和手工创意大赛，有绘画、书法、剪纸等展示活动。有方案、评比和表彰。

六月为艺术节，以庆祝"六一"为主题，为学生搭建展示才能的舞台，项目设置为艺术表演类、艺术作品类和语言，项目分集体和个人，项目有声乐、器乐、舞蹈、书法、绘画、小品、相声等。有方案、评比和表彰。

七、八月为爱心节,爱心节期间,对学生开展的各项评先评优活动给予表彰和推荐评选,项目有美德少年评选表彰,学雷锋小标兵评选表彰,优秀少先队员、优秀班干、优秀学生评比表彰,"环保小模范""爱心小天使""礼仪小绅士""优秀雏鹰小队"等在七彩虹课程实施的多彩活动中表现优秀的学生评比表彰。

九月为体育节,体育节期间每年设置一主题,举行校园啦啦操比赛、眼保健操比赛,一、二年级趣味运动会,三至六年级田径运动会,还有社团体育类项目学生的展示活动,有方案、评比和表彰。

十月为语文节,语文节期间每年设置一主题,开展活动有分段举行讲故事、美文诵读比赛,分年级有课本剧、图画书表演剧、小主持人比赛,团体有创意作文、书写大赛,语文实践活动有制作书签、手抄报、黑板报展示,以阅读开展读书交流会和读书主题交流会,开展书香班级、书香家庭创建等。有方案、评比和表彰。

十一月为科技节,科技节期间每年设置一主题,按年级开展科技动手做活动,电脑制作(电子报)和电脑绘画评比、科幻画比赛、科普知识大赛和科普展,小发明、小论文评比活动,观察植物、动手做等综合探究实践活动。有方案、评比和表彰。

十二月为英语节,英语节期间每年设置一主题,从三大板块开展系列活动,一是技能之赛,如学生英语书写、写作、卡片、小报等制作评比;二是文化之旅,如"英国文化知多少"知识竞赛、英语习语讲座、英语影片欣赏等;三是体验之行,如英语歌曲、美文、剧本展演活动、教师课堂展示活动、聆听专家讲座等。有方案、评比和表彰。

一月为丰收节。一月是每年下半学期的结束之月,也是新年度的开始之月,丰收节期间以庆祝元旦为主题开展拔河比赛、小小马拉松活动,新队员入队仪式、迎新年联欢活动;以欢度春节为主题,开展写春联、贴春联活动和跳蚤市场淘宝活动;开展期末表彰活动,对一学期师生参与的各级各类的学习、比赛、展示等奖项进行大会表彰。

(二)"多彩节日"课程实施

(1)趣味原则:我校运用文化、时尚、娱乐的元素,设计符合学生趣味、能体现学生个性需求、更具时尚元素的节日活动方案。多姿多彩的校园节日活动,真正实现了让所有学生过有意思的校园生活的目的,这是教育的真谛,也是一种境界。

（2）自主原则：让学生自己设计、自己策划、自己实施，是学校创建"校园节日"所遵循的原则。选定主题、活动环节、活动呈现等都让孩子们参与进来，孩子们的主动性得到了最大限度的发挥。

（3）常态原则：德育需要载体，只有在活动过程中，才能实施有效德育。如何让活动更有系统、更具针对性。学校可以把节日活动编写成一套校本教材，把校本节日常态化、课程化。

（三）"多彩节日"课程评价

学校采取"最佳节日评选活动"进行评价，其中，"最佳创意奖""最佳人气奖""最佳时尚奖""最佳娱乐奖"等奖项都由孩子们自己创想、自己评选。学校还可以定期开展"校园节日大比拼"展示活动，通过"节日名片""节日卡通形象""节日故事""节日之花"呈现丰富的节日文化。每年年底，学校还举办"年度节日活动大盘点"论坛，集中展示回顾全年进行的校园节日活动。学校可以制作精美的《厦门实验小学50个校园节日活动手册》、"十大品牌校园节日"明信片发到孩子们和家长手中，让他们对校园节日的记忆和期待更加深刻。

六、创建"多彩社团"，推进兴趣爱好课程的灵活实施

（一）"多彩社团"的创建

为推进兴趣爱好课程的实施，我校对多彩课程进行整合，搭建了课程的层级结构（见表4-11）。

表4-11　多彩课程的层级结构

层级	目的	形式	活动时间
初阶课程	培养兴趣，初步了解	（走班式）选修课	周三
中阶课程	明确方向，发展技能	社团活动	周二、周四
高阶课程	培养专长，特色鲜明	城市学校少年宫	周六

学校合理配置本校教师资源，聘请校外专业教师，每学期开设丰富多彩的社团课程，形成语言文学、逻辑思维、艺术审美、自然科技、工艺制作、体育健身六大类别的课程群，供学生按需选择。学校还依托社区、家长资

源丰富社团课程的内容(参考表 4-12,表 4-13)。如依托社区、家长资源为我校学生开设的艺术、科技、体育等拓展课程,为我校课程注入活力和生机。在艺术方面,家长和社会知名人士可以为我校学生开设京剧、芭蕾舞蹈、街舞、儿童剧表演、集邮等社团课程提供支持。

表 4-12　厦门实验小学校本选修课程任课(协助)教师及地点安排(2018—2019 上学期)

领域	序号	课程项目	人数	任课教师	上课地点	备注
语言文学	1	戏剧与朗诵	25	甘芸萱	B 三楼四 5 教室	
	2	阅读与电影	25	潘品瑛	A 四楼五 4 教室	
	3	趣味对联	25	李小梅	A 三楼五 5 教室	
	4	校园心理剧	25	郑　舒	心理活动室	
逻辑思维	5	数学建模	25	谷亚杰	A 四楼五 1 教室	
	6	趣味魔方	35	叶佳希(外聘)、唐亚明	A 四楼五 2 教室	材料自备
	7	趣味数学游戏	30	廖列甫(外聘)、唐亚明	A 三楼五 6 教室	材料自备
	8	中国象棋(普及)	26	蒋运坤(外聘)、唐亚明	A 二楼三 1 教室	
	9	最强大脑(四年级)	35	程诗婧(外聘)、唐亚明	B 四楼四 1 教室	
	10	最强大脑(五年级)	35	林　静(外聘)、陈真真	A 四楼五 3 教室	
艺术审美	11	街舞	20	张静雯(外聘)、陈真真	A 四楼音乐教室 2	
	12	中国民族舞	25	郝潚宁(外聘)、陈真真	A 四楼舞蹈室	
	13	陶笛	25	吴韵弘(外聘)、黄苏萍	A 四楼音乐教室 1	材料自备
	14	软笔书法	20	杨立旺	C 二楼美术室 2	材料自备
	15	硬笔书法	35	赖诗烈	A 三楼美术室 5	材料自备
	16	国画	25	肖毅华	A 五楼美术室 3	材料自备
	17	创意插画	30	武　丹	C 二楼美术室 1	材料自备

续表

领域	序号	课程项目	人数	任课教师	上课地点	备注
自然科技	18	PPT 基础	45	刘志东	C 二楼电脑室	
	19	电脑多媒体制作（动画）	20	叶琼辉	图书馆（电子阅读区）	
	20	电脑制图	20	朱华莹	A 五楼电脑室	
	21	泛在图书馆（三四年级）	25	范琳琳	图书馆	
	22	乐高机器人（三四年级）	30	洪晋辉（外聘）、黄苏萍	科学实验室 1	材料自备
工艺制作	23	创意陶艺	30	王雅玲	A 一楼美术教室 4	材料自备
	24	数学与手工制作	25	陈秀清	B 四楼四 2 教室	
	25	快乐集邮	20	吴旗妹	B 三楼四 6 教室	材料自备
体育健身	26	体育舞蹈	20	吕　妍（外聘）、黄苏萍	A 四楼合唱教室	
	27	帆船	40	高汉杰（外聘）、陈志锵	B 四楼四 4 教室	
	28	素养拓展	25	陈佳展	庭院(A 二楼三 2 教室)	
	29	网球	25	沈文魁（外聘）、陈志锵	B 楼天台（体操房）	
	30	太极拳	20	于　禄	架空层（A 二楼三 3 教室）	
	31	篮球	30	刘　烨（外聘）、陈志锵	小篮球场（A 二楼三 4 教室）	
选修课程名额总数			841			

注:以上未注明年级的课程项目是混龄班级课程,三至五年级学生都能选报。

表 4-13　厦门实验小学兴趣组及城市学校少年宫安排表(2019—2020 下学期)

序号	领域	项目	指导老师	周一	周二	周三	周四	周五	周六	活动地点
1	科技创新	编程	刘志东		●		●			C二楼电脑室
2		电子多媒体制作	叶琼辉		●		●			A五楼电脑室
3		科技创新	洪艺燊、蔡晓云、黄之璇、洪晓露		●		●			C一楼科学室1
4		模型	林郑凯		●		●			C一楼科学室2
5		机器人(基础)	洪晋辉、洪艺燊		●					A二楼二3教室
6		机器人(提高)	洪晋辉、洪艺燊				●			A二楼二4教室
7	艺术审美	装饰画	武丹		●		●			C二楼美术室1
8		漆线雕	肖毅华		●		●			A五楼美术室
9		水彩画	曹虹		●		●			C二楼美术室2
10		书法	赖诗烈		●		●			A三楼美术室
11		合唱(基础)	吴如光、黄婷婷		●		●			A四楼合唱室
12		合唱(提高)	苏晶、陈啸			●		●	●	C三楼多功能教室
13		体育舞蹈	吕妍、沈熙达		●		●			C三楼心理活动室
14		街舞	张静雯、李朝阳		●		●			A四楼音乐室2
15		舞蹈	林艺珊		●		●			A四楼舞蹈室
16		管乐团	张恒智、陈道翔		●		●		●	A六楼排练厅
17		闽南文化(答嘴鼓)	林恒星、王文婷		●					B二楼三3教室
18		京剧	杨瑞良、李朝阳					●	●	A四楼音乐室1
19		二胡	哈大鹏、陈道翔	●		●				A一楼一3教室
20		琵琶	刘瑛、李朝阳				●		●	A四楼合唱室
21		古筝	雷增英、李朝阳				●		●	C三楼心理活动室
22		古筝(提高班)	雷增英、李朝阳	●						C三楼心理活动室
23		笛子	外聘	●		●				A四楼音乐室1
24		扬琴	外聘				●		●	A四楼音乐室2
25		手风琴(提高)	管悦彤、李朝阳			●				A一楼一4教室
26		手风琴(基础)	于方昕、李朝阳			●				A一楼一5教室

续表

序号	领域	项目	指导老师	周一	周二	周三	周四	周五	周六	活动地点
27	体育健身	足球(基础)	胡俊		●		●			庭院
28		足球(提高)	陈杰		●		●	●		A楼楼顶足球场
29		跆拳道	洪国辉、沈熙达			●		●		儿童乐园
30		健美操	外聘、王晓凤		●		●			C一楼体操房
31		啦啦操	谢慧敏	●	●		●			A四楼舞蹈室
32		田径(阻力跑)	曾　巍、曾佩玉、刘　强、陈佳展		●		●			庭院
33		花样跳绳	刘超龙		●	●				架空层
34		乒乓球	李晓峰、刘强	●	●		●	●		乒乓球室
35		帆船(提高班)	高汉杰、沈熙达					●		B三楼五6教室
36		击剑	纪佳旭、沈熙达							体操房
37	思维锻炼	中国象棋(校队)	蒋运坤、沈熙达			●		●		B二楼三1教室
38		国际象棋(校队)	吴秋月、沈熙达			●		●		B二楼三2教室
39		围棋(校队)	李国盛、沈熙达			●		●		B二楼三4教室
40		中国象棋(基础)	朱金灿、沈熙达				●			B二楼三1教室
41		国际象棋(基础)	钟蓬琼、沈熙达				●			B二楼三2教室
42		围棋(基础)	李国盛、沈熙达				●			B二楼三4教室

(注:●表示有开班上课训练。未标注表示没课。周一至五的上课时间为下午第三节课。)

(二)“多彩社团”的评价

由于学生社团活动是由学生依据兴趣爱好自愿组成、自主开展的学生组织,是学校综合实践活动课程的重要组成部分。为进一步加强对我校学生社团活动的有效管理,充分调动各社团活动扎实开展的积极性和创造性,从而为我校打造出一批学生喜爱、特色鲜明的高品位学生社团,实现促进我校学生特长培养与发展的教育目标,使我校学生社团工作走向制度化、规范化,特制定我校学生社团量化评价细则。

(1)内部建设组织规范(15分)。

①制度完善:社团章程、活动制度(5分);②社团干部:配备齐全、分工

明确(5分);③社员名册:按时招新、名单清晰(5分)。

(2)社团活动保障健全(10分)。

①有专职、兼职的师资队伍(4分);②有固定的活动场所和校外拓展空间(4分);③有必要的物质条件保障(2分)。

(3)社团活动特色突出(10分)。

①社团活动能与学校独特资源、传统文化、课程改革、学习生活、社会实践、志愿服务等紧密联系,主题鲜明,富于特色,生动活泼,在学校内具有知名度,在学生中具有较大吸引力(6分);②能够通过社团活动,提高成员的自我教育、自我管理、创新实践能力,并增强学生的社会责任感。(4分)

(4)活动开展丰富、效果好(25分)。

①活动次数要求:每个社团每学期开展活动不少于3次;指导老师参与指导工作不得少于5次;每年学校"学生社团活动月"中开展一项特色展示活动,如书法比赛、辩论赛、篮球赛等。(共20分)。②活动计划周详:定时间、定地点、定内容、定人员(指导老师和参加社员)(5分)。

(5)活动过程规范严谨(20分)。

①开展活动前两日,应向学校教研室递交社团活动登记表,并在我校网站和校内宣传栏出海报或通知(5分)。②活动开展中(15分):需在黑板或电子屏幕等地方注明活动主题、活动时间和承办社团(5分);拍好照片(或录像),保留好《签到表》、活动记录、讲稿等过程性材料(5分);维护好秩序、确保安全(5分);每项活动结束后,及时写成简要活动总结或通讯(应包括活动照片、比赛结果等),以电子文档形式上交学校教研室(5分)。

(6)活动结束能及时整理《活动通知》《签到表》、活动记录、讲稿等过程性材料,并将本社团开展竞赛的获奖证书用A4纸复印,在学期结束前两周上交学校教研室。(10分)

(7)活动材料上报(10分)。

①每学期开学的第二周向教研室上报本学期活动计划,各社团按要求以电子文档形式上交上报;②每学期结束前两周以电子文档形式向校教研室上交本学期活动总结汇报材料。

根据以上考核细则,组成验收组,评出优秀(85分以上)、良好(71～84分)、合格(60～70分)三个等级,考核等级较低的学生社团须限期整改。

【相关报道】

阳光下快乐成长,舞台上精彩绽放
——记厦门实小学生参加省第六届艺术展演比赛

2018 年 10 月 28—29 日,福建省第六届中小学生艺术节在福州拉开帷幕,本次展演由福建省教育厅举办,福州市教育局承办。来自全省各地的 6700 余名师生携优秀艺术节目和作品,进行为期五天的现场展演。本届艺术节体现了福建省中小学校坚持立德树人,遵循美育特点,全面加强和改进学校美育工作所取得的可喜成绩,为实现到 2020 年建成具有福建特色的现代美育课程体系,打下了坚实的基础。

我校参赛的三个作品参加了此次展演,孩子们呈现出的热情洋溢、积极向上的精神风貌获得了专家评委们的一致好评。三个节目均获得了一等奖,成为全省唯一一所三个节目参赛并获一等奖的小学。

福建省第六届中小学生艺术节现场展演朗诵在福州格致中学音乐厅举行。参演节目来自全省 24 所学校,我校作品《阳光下成长》获一等奖。

　　管乐团比赛在福建大戏院进行，我校管乐团演奏的《雷鸟飞行》以精湛的演出和厦门实小学生特有的活力与灵动征服了观众和评委，获得一等奖。

　　我校合唱团所演唱的曲目《只有和声》，在 2018 年 5 月举办的厦门市"鹭岛少年"合唱展演中帮助我团获得了全市小学生甲组一等奖的优异成绩，从而获得了福建省第六届中小学生艺术展演的宝贵机会，这次在舞台上他们拿出最好的状态演唱这首曲目，获得观众和评委的一致好评，获得一等奖，并代表福建省参加全国展演。

　　这次展演非常成功，孩子们动情的述说、振奋人心的誓言和精彩的演绎让台下的评委和观众热血沸腾。作品不仅成功地展示了我校学生丰富多彩的校园生活，还充分展现了厦门少先队员在阳光下向善、向上成长的积极风貌！

福建省第六届中小学生艺术展演，为全省的中小学生提供了一个展现自我、表达艺术的大舞台，我校朗诵团、合唱团、管乐团的队员们用自己自信的风采、出色的发挥表现了厦门实小学子在"多彩教育"下的多彩发展。

第五节　多彩课程的管理

课程管理是学校管理工作的核心和主要内容。现代课程管理理念认为：激发学校的主体活力，形成学校的特色办学是课程管理的追求。因此，要紧紧把握"促进学校自主发展和特色发展"的实质与目的来推进学校课程管理工作。在学校课程管理中，要以学校核心理念统领全局，使课程承载起学校文化，成为学校文化的主脉，彰显学校的文化精神。同时，通过统筹研发学校课程和强化课堂教学创新及其过程管理，积极探索现代教育技术与课堂教学的整合，研究新课改背景下学与教的改革。

课程管理着重解决的"四个问题"。首先是整合问题。学校的课程建设分解为学科课程、活动课程、隐形课程。为避免课程零散、庞杂、琐碎、缺乏系统性的整合，我们的课程管理需要着重解决整合问题，要充分规划孩子们在学校的六年学习时间的课程计划。其次是均衡问题。需要解决课程均衡的问题，协调国家课程、地方课程和校本课程的合理配置，实现课程结构和学生发展的均衡。再次是选择问题。原有的课程，学生的学习活动是被安排的，缺乏自主选择权。我们发现，学生兴趣爱好和个性特长是有区别和差异的，通过自主选择性课程的实践，能够有效推进学校素质教育，发展学生和教师的创新素质、实践能力和个性特长。因此，我们需要为孩子的成长提供走班式的"课程超市"，满足孩子的选择需求。最后是综合问题。传统的课程强调分科，学科界限明晰。而在现实社会中，我们的孩子常常遇到的都是综合性的问题。因此，我们在课程管理中需要着重解决综合的问题，弥补分科教学的不足。

有效的课程管理还要找准"三个着力点"。首先是提升课程执行力。提升课程执行力强调的是规范,即要开齐开足国家课程和地方课程。学校通过课程管理建立起从课前准备、课堂教学到作业测评等基于教学流程的管理规范,并在过程管理中落实到位。其次是提升文化凝聚力。提升文化凝聚力强调的是共识。课程的研发和实践需要具体务实的操作,课程的研发和执行者是教师,课程管理的过程就是凝聚人心的过程。这既需要全校教师对学校课程的高度认同,达成充分的共识,更需要全校教师达成心灵契约,一起朝着课程规划的蓝图努力,让每一个身处学校的教育者在学校文化的浸润下形成一种教育责任,享受创造与实践的快乐,展现团队的文化凝聚力。最后是提升实践变革力。提升实践变革力强调的是创新。这种变革力是在课程管理的过程中对学校原有课程经验的整合与传承,应学生发展之需、顺时代发展之势而进行的革新与创生。

找准了课程管理的"三个着力点",学校从"六个途径"加强课程的全过程管理,着重解决课程管理的"四个问题",有效提升学校在育人体系、育人模式、课程内容、实施方略、评价手段等方面的实践力、创新力。

(一)价值领导:坚持用"多彩教育"的立场与观点指导学校课程建设

学校文化是学校的影响力、生命力、发展力的隐性表现。在新一轮学校发展规划中,学校要重点关注学校文化的顶层设计,形成一种具有引领性的学校文化,努力营造一种直观的文化环境,使其成为学校的精神图腾,指导学校的课程建设。根据"多彩教育"理念,我们编制"我们的教育信条",并以此作为全体教职员工的价值引领,梳理原有的管理制度,构建基于"多彩教育"理念的课程管理体系,把学校各项管理工作与多彩教育结合起来,进一步深化课程的"价值领导",从"文化自觉"的高度认识"多彩教育"理念对学校课程建设的重要意义。

(二)组织建设:充分保障学校课程建设顺利深入地推进

围绕学校课程建设的方向和目标,成立学校课程建设领导小组,加强对课程建设规划统筹的力度。为充分保证课程的落实与推进,学校建立了有效的课程组织机构(表4-14),明确分配有关人员的责任、权限和运行规则,利用组织的力量有序推进课改。

表 4-14　课程组织机构

目次	名称	成员	任务
1	课程领导小组	校长，分管课程、教学、德育、科研等副校长	根据校情，具体决策、规划学校课程建设总体方向；从理念上引领、指导课程教学与管理工作，及时提出改进方向；确定每学期课程教学工作重点；指导课程教学部门开展工作
2	课程研发小组	课程开发小组组长	围绕办学特色，全面落实学校课程方案的研发，主要包括：规划学校课程框架结构、课时配比和课程开发方案；制定学校课程开发方案；制定学校课程评价方案；制定学校校本研修方案
3	教务处教科室	主任	对课程策划和管理提出建议；配合课程开发中心完成课程制度梳理；配合做好专题教研组织工作；指导教研组、教师选准教科研课题，并予以阶段性的专业辅导；认真组织、修改、编辑教师教学反思和专题科研论文
4	年段	年段长	随时关注本年级课程教学质量，及时与年级组成员进行沟通，及时向学校领导反馈年级组课程教学情况；每次大型考试后做好本年级质量分析，召开好年级组质量分析会
5	教研组	教研组长	清晰本学科组现状，组织组员进行课程开发和实施；确定每学期本组教研专题，认真组织好各次教研活动和校本研修活动；认真关注、积极引导组员专业发展；及时向学校领导反馈本组情况，积极参与教学部门工作商讨，献计献策；抓好教研组常规工作；对组员进行教学常规考核
6	备课组	备课组长	认真策划备课组学年、学期课程教学工作，找准备课组发展抓手；团结组员，发挥组员优势，配合教研组长做好专题教研活动，做好每学期备课组同课异构教研的组织工作；组织组员相互听课，经常性进行集体备课，即时研讨，浓厚组内教研氛围
7	教师		明确自身在课程中的职责，本着为学生负责、为学校负责、为自己负责的责任意识，主动为学校课程建设献计献策；做好、做精课程常规工作，积极、主动地参与各项教研活动，不断完善教学行为，提升专业素养

(三)能力提升:把课程研修作为学校课程建设的专业保障

提升教师的课程能力,关注教师的课程参与,是学校课程改革的重要保障。我们拟成立教师发展共同体,倡导精益求精的专业精神,塑造"发展,没有尽头"的专业文化。在学校,任何教师都没有停下脚步的理由,每位教师都要追求专业品质的不断精进。当然,学校在这方面需要采取步进辅助的策略,即我们把教师划分为新手型、熟练型和专家型三个层级,每个层级都有具体的发展目标和富有操作性的专业发展措施。针对不同教师的实际情况,适时地给予有针对性的帮助。

尝试建立教师成长档案,档案中包括八个方面:①"我"的教学主张。对自己的教学主张进行陈述,用以描述个人的教育信念与价值观;②"我"的 SWOT 分析。对自身优势与劣势的剖析,对外界威胁与机会的解析;③"我"的与学校目标愿景相融合的工作策划书。既要有短期的,也要有长期的;④三封信。一封来自校长,一封来自同伴,一封来自家长;⑤"我"自己筛选出的工作范例。以叙事形式记录的材料,如课程开发、教案设计、教学实录、经验总结、自我反思等;⑥"我"所参与的专业发展活动项目。记录活动内容,阐释活动中的收获;⑦"我"公开发表过的文章、专著;⑧"我"所获得的评价。包含对自己的评价,来自家长的反馈,同伴给予的评语,学校给出的综合评价。对这些关于"我"的材料的搜集与分析,能够发现"我"的不足,找到努力的方向。

(四)制度保障:形成有利于学校课程深度变革的制度文化

学校课程制度有利于规约课程行为,使之按要求做;保障课程职责,使之各司其职;促进课程发展,使之顺利推进。因此,我们有必要全面梳理学校的各项制度和管理模式,提高师生在学校制度建设和行政管理上的知晓率和参与率,充分发挥主人翁精神,推进党务、校务公开,发挥好教代会、团代会、学代会的功能。用民主管理、人本管理夯实学校文化主旋律的底蕴,形成"以人为本,刚柔相济"的制度文化和"民主公开、廉洁高效"的管理文化。特别是要建构课程认证制度、课程实施过程评估制度、课程实施成效评价制度等,有力推进学校课程建设。

只有健全的课程制度,才能让学校课程变革走上自觉运行轨道。只有合理的课程制度,才能让学校课程变革成为常态,成为一种文化。学校要变问题为制度解决、化亮点为制度常态、化特色为制度推进、化强项为制度转化,维护课程制度,落实课程制度。一种制度一旦形成,它对于这种制度下的成员就具有一种普遍的约束力,它通过"强制"的形式,使所有成员把这种制度内化为个人的行动准则,保障每个成员各司其职,从而推动课程改革顺利进行。

(五)研究推动:以课题研究的方式对学校课程变革进行聚焦

扎实有效的研究是学校课程深度变革不可缺失的工具。实践表明,以课题的方式,专题聚焦课程变革是学校课程改革得以稳步推进的成功秘诀。具体来说,有两点提示:一是课题引领,营造氛围。课程研究在本质上是教育科研活动,它不是主观性的设想,也不是随意性研究。它要求我们以科研的态度、科研的方法对学校课程发展中的问题进行提炼,形成研究专题,并科学地组织、实施研究,将课题研究与校本培训紧密结合,将课题研究同课程改革紧密结合,将课题与学校课程发展项目紧密结合。二是多种形式,搭建平台。如分享展示、参与互动、同伴互助、网上交流、交流切磋、观摩研究,为教师提供展示才华的舞台,也为教师的脱颖而出创造机会。苏霍姆林斯基说过:"教师在研究状态下工作是一种幸福。"这样做,不仅有利于带动我们观念的转变,观察问题角度的转变,教育行为的转变,而且会让我们体验到思考的快乐、钻研的快乐、成功的快乐。这是一种教育境界,是一种幸福体验。现在,迫切需要的是让课程理论与实践在校长、教师的身上真正地结合起来,催生出一大批研究型课程实践专家,真正推进学校课程深度变革。

学校拟成立"多彩教育研究中心"。主要职责是:探索"多彩教育"的理念与策略,找到理论与实践相结合的交叉点。阶段性任务是:①统筹"多彩教育"的理念与实践问题的认识性培训;②开发多彩课程;③建立课程研究龙头课题,进行系统深入的分解研究;④"多彩教育"有关经验的提炼与总结,发表、出版有关研究成果。

(六)建设"多彩校园",提升学校空间与学习的互动性和美感度

引入学校空间课程领导的理念,结合"多彩教育"特色进行整体设计,为学校课程发展提供硬件上的支持与保障。在建筑设施、校园环境与设备规划等学校空间的设计和建造上,促进教育意境、学校课程、教师教学、学生学习和行政管理的提升,展现一座设计合理、环境优美、人文和艺术相结合的现代化校园。

从实际出发,我校从以下方面设计课程的空间视角,做活"多彩校园":"艺术之旅""走进大师""美学散步""成长笔记""寻美之旅""艺术小屋""行走的美学""美术长廊""艺术广场""艺术城堡"等。

"多彩教育"引领下的课程建设,将实现以优良校风影响学生,高尚师德感染学生,幽美环境陶冶学生,崇高典范激励学生,丰富课程浸润学生,优秀作品吸引学生,多彩活动活跃学生。

第五章

多彩课堂——饱满，愉悦，生长

第一节　课堂及其高效性

　　学生是学习的主体，是学习的主人，而课堂是学生学习的场所，是育人的主渠道。因此，在教学中，教师应该运用自己的智慧和创造力，根据教学实际，创设必要的情境，挖掘蕴涵其中的无限生机和活力，把课堂营造成生动活泼的学习乐园，给学生提供课内实践的机会，让学生在特定的环境中进行实践体验，使他们在活动中感悟道理，体验情感，规范行为。

　　有限的一节课时间，无法做到面面俱到，也无法实现慢节奏，必须在这有限的时间里完成教学任务，使学生得到最大的收获和发展。只有效率的最大化或效益的最优化的课堂才是高效的课堂，课堂教学的高效性是所有教育教学改革的共同追求，学校的任何教学改革都追求课堂教学更高效。

　　怎样的课堂才是高效的？从专业角度来看，高效的课堂应该是能使学生得到最好发展的课堂。一方面，在课堂上知识与技能、过程与方法及情感态度与价值观这"三维目标"能得到最好的整合。另一方面，能关注学生的发展，采用自主、合作、探究的学习方式，既能让学生"跳一跳、摘桃子"，又能着眼于学生的可持续发展，关注到发展的持续性。

　　高效课堂有以下一般特点：一是要有合理的全面的教学目标，有符合学生实际的适量的教学内容、适当的教学方法、适宜的教学氛围和适度的教学节奏，这些也是课堂教学高效率的重要方面。二是课堂充分体现学生的主体地位，发挥学生的积极性、主动性、创造性，引导他们在民主、宽松、和谐的教学氛围中自主学习、合作学习与探究学习,才能获得高效率的课堂教学效果,让学生生动活泼地、主动地得到全面发展。三是师生、生生间有良好的互动,各方能多渠道、多层次、多方位、多手段地进行综合性交流,通过交流,丰富课程资源,增加信息和知识总量,使师生之间心与心相通,从而为顺利完成教学任务奠定良好的基础。四是具有包容性、开放性,课堂里没有一成不变的标准答案,没有"硬灌"和死记硬背的痛苦,没有对学生思维的禁锢和限制,也没有师生间不平等地位的规定。开放的课堂充满生气,体现了师生经验的共享、视界的融合、地位的平等,拓展了学生的活动空间,给每一个学生带来力量、自信和希望。

高效的课堂并不能一蹴而就,需要教师漫长的学习、努力、打磨,主要做到以下"三要"。

首先,要读懂教材,挖掘出教材的精髓和内涵。只有教师把教材读懂、读透、读深,悟出来的道理才透彻,讲起课来才会"一语中的",说到点子上,做到微言大义、发人深省,让学生听起来轻松,嚼起来有味,甚至起到醍醐灌顶,"一语惊醒梦中人"之效。

其次,要有广博的知识,做到旁征博引,信手拈来。"教师所知道的东西,就应当比他在课堂上要讲的东西多十倍,以便能够自如地应付、掌握教材,到了课堂上,能从大量的事实中选出最重要的来讲"(苏霍姆林斯基)。教师在课堂上横要宽,知识广博,纵要深,成为一方面专家,这样才能带领学生徜徉在知识的海洋里,这样的课堂教学就是教师在汲取人类文明史的丰富营养后,厚积薄发出来的艺术精品。

最后,要有高超的教学艺术,巧妙点拨,循循善诱。教师在课堂上要善于设置问题,引导学生向未知领域探索,把学生带入"山重水复疑无路"的困境,而后以巧妙的方式或画龙点睛,或抛砖引玉,使学生能"柳暗花明又一村",豁然开朗。另外,对课堂上预设之外的突发状况,有高超教学艺术的教师也总能灵光一现,机动灵活地实施临场应变。

实现了高效的课堂教学,意味着教师从普通教师成长为优秀教师。实现了高效的课堂教学,意味着学生将能从学习的主渠道中得到最好的发展。

第二节 "多彩课堂"的关键特征

多彩课堂是生命灵动的课堂,倡导自主、合作、探究的学习方式,让学生成为学习的主人,能让每个学生在自主学习和相互交流中灵动起来,在学习过程中都能获得生动活泼的成长。改变以往单一的接受性学习方式,促进学生知识与技能、过程与方法、情感态度与价值观的整体发展。

多彩课堂是和谐多元的课堂。"和谐"是有效课堂的追求目标,课堂教学体现出塑造学生和谐健全人格的教学理念,教育的最高目的是让人学会"从善如流",教育的深度追求是实现教育对人性的滋养与提升,而师生分享探索思考的过程才有教学相长的"双赢"。

多彩课堂是动态生成的课堂。动态生成的课堂教学强调知识的内在性、动态性、开放性和生成性,视课堂为开放、动态、生成的知识系统,教学过程就是知识的教学成为教师与学生围绕知识资源进行双向建构的活动过程。

多彩课堂是温暖人生的课堂。赏识的课堂评价,尊重天性,激发灵性,调动悟性,让学生在课堂上能够自身进行"光合作用",最大限度地开发每个学生学习的潜智、潜质、潜能,自觉完成学习任务。

一句话,多彩课堂,课前有期待,课中有乐趣,课后有回味。在操作上,"多彩课堂"关注以下六个要素:①教学目标:饱满。包含多维教学目标,而不仅仅是知识目标。②教学内容:丰富。教学内容丰富,饱含多样化的生成性内容。③教学过程:立体。不限于平面化的纸质学习,过程立体活跃。④教学方法:灵动。根据教学实际,采取多样生动的教学方法。⑤教学评价:多元。运用多元评价方法,而不仅仅是纸笔测验。⑥教学文化:激励。充分的思考空间,鼓励孩子,温暖生命。

一、教学目标——饱满

教育是民族振兴和社会进步的基石,而培养什么人,是教育的首要问题。我国是中国共产党领导的社会主义国家,这就决定了我们的教育必须把培养社会主义建设者和接班人作为根本任务,培养一代又一代拥护中国共产党领导和我国社会主义制度、立志为中国特色社会主义奋斗终身的有用人才。"多彩教育"的育人目标,就要求每一位教师,要把立德树人作为教育的根本任务,更好地应对教育的新常态;要深刻认识到学生成长的多元性,把每一个孩子看成能动的、有潜能的、独特的人,引导学生树立正确的人生观和价值观,把自己的梦与中国梦结合,为自己幸福的人生奠基。

教学目标就是对教育目的的践行。三维目标是教育理论中的一个新名词。它是指教育教学过程中应该达到的三个目标维度,即知识与技能、过程与方法、情感态度与价值观。知识与技能目标:主要包括人类生存所不可或缺的核心知识和学科基本知识;基本能力包括获取、收集、处理、运用信息的能力、创新精神和实践能力、终身学习的愿望和能力。过程与方法目标:主要包括人类生存所不可或缺的过程与方法。过程指应答性学习环境和交往、体验。方法包括基本的学习方式(自主学习、合作学习、探究学习)和具体的学习方式(发现式学习、小组式学习、交往式学习等)。情感态度与价值观目标:情感不仅指学习兴趣、学习责任,更重要的是乐观的生活态度、求实的科学态度、宽容的人生态度。价值观不仅强调个人的价值,更强调个人价值和社会价值的统一;不仅强调科学价值,更强调科学价值和人文价值的统一;不仅强调人类价值,更强调人类价值和自然价值的统一,从而使学生内心确立起对真善美的价值追求及人与自然和谐和可持续发展的理念。"三维目标"是一个教学目标的三个方面,而不是三个独立的教学目标,它们是统一的、不可分割的整体。

"多彩教育"理念引导下的教学目标,以"饱满"为突出特点,包含多维教学目标,立足于"立德树人",不仅有知识、能力的目标,重视学习过程及方法的引领,更注重引导学生培育和践行社会主义核心价值观,踏踏实实修好品德,成为有大爱大德大情怀的人。

比如,语文老师在教学《纸船与风筝》时,就在教学目标中渗透"友善"的社会主义核心价值观的引导:

(1)正确流利,有感情地朗读课文,体会松鼠和小熊之间深厚的友谊。

(2)通过文本的学习,使学生明白友谊的可贵,能在平时的生活与学习中,与伙伴建立良好的友谊。

(3)进一步帮助学生学会与人为善,让学生从友情的可贵中愈加懂得友善就是与人为善,要像对待朋友那样对待他人、社会和自然,并学会积极处理好与他人、与社会的友善关系。

又如，《春天举行音乐会》的音乐课上，教师就确定多维度的教学目标：

【知识与技能】

(1)能用欢快的情绪及富有弹性的声音准确演唱歌曲，做到吐字清晰，节奏准确。

(2)能准确掌握八分休止符、十六分音符的节奏。

(3)能巧妙运用身边的声源，为歌曲伴奏，丰富歌曲的表现力。

【过程与方法】

(1)运用探究式学习方法，通过联想—创作—模仿—听唱等方式准确掌握歌曲的旋律特点，激发学生的学习兴趣，开发学生对音乐的感知力。

(2)能在音乐探究实践中发现并寻找身边的声源，进行创造性学习，并利用体态律动等形式进行歌曲表演。

【情感态度与价值观】

在学习过程中培养乐观向上的精神风貌，感受探究的乐趣，体验音乐的美感。能用欢快的演唱表达对大自然的热爱和赞美之情。

再如，"Module 9　Unit 1　I'm going to do long jump."是《英语》(新标准)(一年级起点第 5 册)第 9 模块的第 1 课时，主要谈论在即将于周五举行的运动会中每人打算要参加的运动项目。虽然是英语课，但教师依然重视多维目标的融合，通过观看奥运会中中国队表现突出的体育项目，培养学生热爱祖国的民族自豪感，以及热爱运动、热爱生活的积极向上的情怀。本课教学目标为：

【语言知识与语言技能】

(1)能听懂、理解认读单词 long jump, high jump, run a race, Sports Day，其中 long jump, high jump, run a race 这几项运动要求能正确书写。

(2)能听懂，会说，能认读，抄写并运用下列句子：

I'm going to do long jump.

Amy is going to do high jump.

I'm going to run a race.

(3)能借助图片和文字听懂、读懂和朗读课文。

(4)能用 be going to 的句式比较准确地描述自己或他人将来的打算或意愿。

【学习策略】

(1)有意识地通过听音抓住重点信息。

(2)学习元音在单词中的语音规律。

【情感态度】

(1)培养学生乐于与他人合作的精神。

(2)通过观看奥运会相关视频,引发学生民族自豪感,以及热爱运动、热爱生活、健康生活的乐观情绪。

二、教学内容——丰富

2016年9月,中国学生发展核心素养研究成果发布,中国学生发展核心素养以培养"全面发展的人"为核心,细分为3个方面、6大素养和18个基本要点。教育的目标越来越指向"以人的发展为中心"的综合性素养提升,教育的眼光不仅是立足当下,更要放眼未来。落实核心素养,需要以课程为依托,为了实现基础课程目标和学生核心素养并行发展,我校推行了基于国家课程的、符合厦门实小学生发展需要的学科"1+X"课程,力求构建起一个适合学生整体、多元发展的学科课程体系。学科"1+X"课程中的"1"是各学科落实"学科核心素养"的部分,突出学科本质教学;"X"是指学科教师的个性化实施,实验跨学科整合教学。"1+X"中的"+"不是简单的加法,而是"1"与"X"相辅相成,既使学生学好国家规定的核心知识,形成核心能力,又能在这个基础上使知识得到拓展或深化,使运用知识的能力、探究问题的能力、动手实践的能力等得到提升,满足学生个性需要,促进学生全面发展。

在学科"1+X"课程的建设中,厦门实小的语文和数学两大学科中已经有了不少老师积极思考,大胆尝试,突破传统教学的思维疆界,勇于成为课程实施的"领跑"人。

5年级的语文老师钟惠林开发的"1+X"项目是"语文+戏剧",他认为"戏剧是综合性的艺术,语文培养的也是综合性的能力。中年级孩子正处于从模仿转向自主表现的意识萌发阶段,非常适合开展阅读与戏剧结合的课程。"在教学中加入戏剧元素,体验式地对阅读内容进行展现、创造,可以让孩子在还原人物、还原情境时,对文本的理解更深入,提升学生的理解力、感受力、表达力等。

　　像这样的语文课程，还有洪雅萍老师的"互联网＋写作"，通过开通班级写作微信公众号、创建《凤凰花文学天地》APP平台，开拓了习作教学的新样式；还有汪晓丽老师的"故事＋对联"……在数学学科中，谢淑美老师的"数学＋写作"，在数学写作中，培养学生的数学意识，呈现学生的思维过程，引领学生感受到数学的有趣、奇妙、有用、常在。2017年9月，她的研究成果《数学写作导学，引领学生的数学成长》获省教学成果奖一等奖。唐亚明老师的"数学＋绘本"，把绘本阅读融入数学教学中，通过挖掘绘本中的数学元素，激发学习兴趣，培植数学思维，有效促进幼儿园与小学间的教学衔接。这些"1＋X"课程就是我们的多彩课堂中最为丰富的内涵。

　　同时，学校按照"集优、创新"的原则，集中一批优秀教师先行开展"一师一课程"资源的开发和实践，提出了"一师一课程"的建设方案，发动教师结合所任教学科及自身兴趣、特长，编制8课时或16课时的课程，再择优纳入学校课程的整体规划中。在形成经验的基础上，逐步推展开，最终实现全校教师的真正意义上的"一师一课程"。全校目前已共35位教师申报了41门丰富多彩的课程（见表5-1），并有十多个课程实质性地开课，如"阅读与电影""泛在图书馆""数学与手工制作"等课程，深受学生的喜爱。

表5-1　"一师一课程"建设方案

教师姓名	课程名称	课时
余增弦	中国象棋	8
张菁	数学与拼搭（一）（二）	16
陈秀清	数学与手工制作	8
吴云敏	数学与艺术	8
吴云敏	多肉植物的养护	16
唐亚明	数学与绘本阅读	8
刘胜峰	数学游戏（数独与扑克牌）	8
谷亚杰	数学建模	8
洪艺燊	青少年创意编程	8
曾巍	二十四式简化太极拳	24
黄雪娥	农事耕作	8
汪晓丽	趣味对联	8
汪晓丽	田园诗与田园种植体验	8

续表

教师姓名	课程名称	课时
肖毅华	工笔花鸟画	8
陈艺华	童诗赏析与创作	8
田丹	《唐诗三百首》诵读与欣赏	16
田丹	小古文诵读与创作	16
陈倩荣	故事表演与朗诵	8
陈倩荣	文玩欣赏	8
陈倩荣	汉字与篆刻	8
梁敏	少儿心理绘本阅读	8
蔡晓云	立体剪花之四季花朵	16
程少波	诗与歌	8
潘品瑛	阅读与电影	8
洪雅萍	走近名家(中国篇)	8
洪雅萍	走近名家(外国篇)	8
洪晓露	建筑模型入门制作	8
甘芸萱	戏剧艺术	8
陈志锂	数与形	8
吴惠敏	闽南语点亮我们的生活	8
赵鹭珊	走进茶文化	8
叶琼辉	用 FLASH 软件制作动画	8
陈旭琼	快乐语文活动	8
陈旭琼	音语歌吟	8
黄苏萍	儿童与环保	8
范琳琳	泛在图书馆	8
朱华莹	用 PHOTOSHOP 软件制图	8
蔡军	茶艺	8
刘志东	"键"步如飞(英文打字)	8
吴旗妹	快乐集邮	16
杨立旺	楷书入门	24

三、教学过程——立体

在践行"多彩课堂"的道路上,学校绝不是"纸上谈兵"。近几年,国家积极倡导素质教育,经过奋斗在教学一线的教育工作者们不断研究、创新和尝试,演变出很多先进的教学理念,呈现出百家争鸣、百花齐放的盛况,项目式学习理念就是在这样的背景之下孕育而生的,它借鉴了国外发达国家的经验,同时也涵盖了国内专家所提出的研究成果,并整合了同领域其他理念的优秀思想,可谓集众家之所长,是实现我国素质教育朝着更好更高层次发展的一个有力工具。在这样的背景下,学校规划了基于地域和学校特色的项目式课程群——校馆合作项目式学习课程。

我们按年段分类,每个年段签约一家校外场馆,通过"走进去、请过来"的方式开展课程。其中,"走进去"是以场馆的教育资源为工具,营造校内课堂所没有的主题情境,让孩子沉浸其中,借助场馆所提供的资源进行项目式学习。"请过来"是将场馆工作人员、专家等专业人士邀请进校园,通过讲座、表演、授课、实践等形式开展的项目式学习。目前我们根据场馆研究领域和性质的不同,规划了一到六年级的项目式课程群:三年级开展"走进植物园"项目式课程,四年级开展"走进艺术馆"项目式课程,五年级开展"走进科技馆"项目式课程,六年级开展"走进博物馆"项目式课程,一、二年级开展"故事爸爸(妈妈)进课堂"项目式课程,形成覆盖全年级的、具有我校特色的品牌拓展性课程之一。

下面以三年级"走进植物园"项目式学习为例,介绍"多彩课堂"立体活跃的开展过程。

【活动目标】

(1)本活动通过户外探索、五感体验、自然游戏、自然笔记等环节,逐步引领学生认识植物的形态特征,了解植物的多样性及它们适应自然的能力,感受大自然的奇妙。

(2)通过引导学生走进自然、认识自然、喜爱自然、尊重自然、保护自然,将环境教育、生命教育的观念播撒进学生的内心,触发他们对自然美的渴望,强化敬畏自然、尊重生命、爱护生物的理念,并转化为实实在在的行动。

(3)初步培养学生科学的思维方法,努力发展学生发现问题与解决问题的能力,让学生亲身经历观察探究的全过程,从中获得知识,并提高思考能力。

【活动内容计划】

本活动以植物园六大专类园区(奇趣园、百花厅、棕榈岛、蔷薇园、沙生植物区、雨林世界)为主题,介绍植物多样性、气候带特征、植物的适应能力等知识,以体验科学实验的过程,寻找植物的秘密,聆听自然的声音,感受创作的快乐……在植物园的观察探索活动结束后,每位学生须完成一份《笔记植物园》的学习手册,这份学习手册包含专类园的介绍、自然笔记、寻宝答题等内容(见表 5-2)。

表 5-2　厦门实验小学"走进植物园"项目式学习课程计划

序号	主题	课程名称	教学目标	地点	时间
1	课程介绍	奇妙的植物世界	1.了解植物世界的奇妙 2.学会植物的观察方法 3.了解自然笔记的方法	实小多功能教室	11月
2	认识植物各器官形态的多样性	叶之密语	1.认识植物叶形、叶色的多样性 2.了解叶片的结构与功能 3.认识几种特殊的叶变态结构,如猪笼草等	百花厅	11月
3		花.花.世界	1.认识植物花形、花色的多样性 2.认识花的基本结构及花的作用 3.了解花传粉的几种方式	花卉园	12月
4		种子的旅行	1.了解植物果实与种子的关系 2.了解种子的传播方式 3.认识几种特别的种子	棕榈岛	12月
5	认识各种生态环境下植物的适应性	湿地生机	1.了解水生植物的 4 种类型,并认识几种典型的水生植物 2.了解水生植物是如何适应水环境的 3.了解水生生物的多样性	蔷薇园	3月
6		百变多肉	1.了解沙漠的分布世界及气候特征 2.认识多肉植物的几大特点,并认识几种代表性的多肉植物 3.了解多肉植物是如何适应沙漠气候的	沙生植物区	4月

续表

序号	主题	课程名称	教学目标	地点	时间
7	认识各种生态环境下植物的适应性	雨林探秘	1.了解雨林的世界分布及气候特征 2.了解雨林植物的特殊生长现象，并认识几种代表性植物 3.了解雨林环境对人类的重要作用，以及如何保护雨林	雨林世界	5月
8	课程总结与展示	自然作品展览	1.课程总结结合校园艺术节，开展自然作品展览 2.主题叶贴画展、种子贴画展、自然笔记展等	实小/植物园	6月

　　在学生劳动技能的培养上，学校根据各段学生的劳动教育要求进行有序设计，低年级主要是安排一些力所能及的自我服务劳动，中高段主要是进行家务劳动的培养，懂得用自己的劳动创造美好生活。学校积极引导各班主任老师以劳动教育为主，打造特色劳动班级。如有的班级举行"当家一餐"的班会课，学生把锅碗瓢盆儿带到课堂上，在老师、家长和同学们面前一展厨艺，在集体的氛围中更多地体验劳动带来的乐趣。高年级"创意美食制作"的劳动实践活动受到了学生和家长的喜欢。学生们制作的创意美食，在学校"六一"节活动上进行义卖，为甘肃临夏的两所小学购买钢琴募集善款贡献了力量。"这不仅提高了学生的劳动实践能力，更让他们体会到了劳动创造价值的成就感，充分感受到奉献和给予的快乐。"

　　学校还充分利用厦门市德育基地、劳动教育实践基地和其他社会资源，组织学生开展劳动技能训练，动手制作环保手工香皂和美味意式比萨，下田地摘花生……这些体验活动有效提高了学生的劳动能力。

　　在假期，厦门实小以"假日小队"为主要的活动载体，挖掘家长的力量，积极开发课外教育资源，通过与"厦门实小文明小白鹭"志愿服务队合作等方式，家校携手引领学生乐当"社区小义工"、化身"爱心小天使"、争做"垃圾分类小能手"，开展关爱他人、关爱社会、关爱自然的志愿服务活动。

　　学校从各个维度力求把多彩课堂打造得更加立体，走进学生的心里。

四、教学方法——灵动

教学方法是师生在教与学双边活动过程中为有效完成一定的教学目的和任务所采用的方法和手段的总称。它包括教师教的方法和学生学的方法，是教师引导学生掌握知识技能、获得身心发展而共同活动的方法。教学方法对完成教学任务、实现教学目标具有重大的意义。当确定了教学目的，并有了相应的教学内容之后，就必须有富有成效的教学方法。否则，完成教学任务实现教学目标就要落空。

在传统课堂里，教师通过简明、生动的口头语言向学生系统地传授知识、发展学生智力。从教师教的角度看，它是一种传授的方法；从学生学的角度看，它是一种接受性学习的方法。在较短时间内，教师能够按照一定的体系和步骤，借助各种教学手段，向学生传授较多的有关各种现象和过程的知识信息。讲授法就其本质而言是一种单向性的思想交流或信息传输方式。在大多数的情况下，学生不能够影响所传递知识的性质、速度和供给量。

"多彩课堂"严格按照教学目的和任务的要求、课程性质和教材特点、学生特点、教学时间设备和条件、教师业务水平、实际经验及个性特点来选择与运用教学方法。在多彩课堂中，学生是一个积极的探究者，教师的作用是促成一种学生能够探究的情境，教给学生探究的方法，让学生通过"动手操作"来激发自己的探究意识，而不是提供现成的知识。在教学过程中，除了讲授法的运用，教师根据教学实际，采取多样生动的教学方法。譬如教师也会使用谈话法，引导学生获取或巩固知识；教师利用讨论法指导学生为解决某个问题而进行探讨，辨明是非真伪以获取知识；实验法、参观法和实习作业法的使用，更是将学习的主动权给到学生手中。

我校的多彩课堂——"三年级学生走进植物园"项目在一学年内，用八堂课、每堂课上半天的形式来开展。植物园专门为厦门实小学生编制了一套课程，并配备专业老师讲解。学生们将相继走进植物园六大专类园区（雨林世界、奇趣园、藤本植物区、沙生植物区、棕榈岛、花卉园），实地观察、探索、体验，并针对自己感兴趣的主题开展研究性学习。最终，每名学生都要完成一份《笔记植物园》学习手册。与此同时，"四年级学生走进艺术馆""五年级学生走进科技馆""六年级学生走进博物馆"的多彩课堂项目也如火如荼进行着。学校希望给学生们增添课堂的色彩，让他们有更多机会体验第二课堂,培养学习兴趣。在这样特殊的课堂里学习,是学习方式的一种变革。在主题化研究中,学生需要把多学科知识综合运用起来,需要小组合作才能完成任务,需要走到真实的场景中,激发研究热情,这更能培育和发展学生的核心素养。在多彩课堂里,学生既能够达到教学目标,学习到充足的理论知识,又做到了理论联系实际,产生了对知识的兴趣,也培养了求实精神。

厦门实验小学吴旗妹老师开展的综合实践主题活动"巧手做纸花"课程是一项系列化的主题活动,从三年级开始做折纸的纸花,到四年级做玫瑰花,五年级做百合花,从易到难,不断递进和深化。这项主题实践活动的设计意图是环保、生态的理念,由于生活中经常看到逢年过节或者特殊的场合,人们购买了价值不菲的鲜花,却在短时间内凋谢、枯萎的现象,吴老师便萌生了教学生制作纸花的想法,既可以表达心意,又能够节约开支,还能够锻炼学生的动手实践能力,培养爱护自然、爱护环境的意识,可谓一举多得。

我们研究基于核心素养的跨学科整合式教学。"STEAM"是取科学、技术、工程、艺术、数学等五个学科的英语首字母组成的缩略词,是一种学科间融合的教育路径。STEAM教育不仅仅是提倡学科知识,更提倡的是一种新的教学方式:让学生们自己动手完成他们感兴趣的,并且和他们生活相关的项目,从过程中学习各种学科及跨学科的知识。我们挖掘出STEAM教育中对提升小学生核心素养的作用力,促使各学科知识运用于STEAM教育中并与之恰到好处地融合。我们尝试从整体上去综合讨论STEAM教育实施中对各学科核心素养养成的促进作用、实施方法、需要具备的条件、提升策略,站在以生为本的高度上去关注孩子的未来发展,而不只是眼前或短时间内的学业成就。

五、教学评价——多元

教学评价是依据教学目标对教学过程及结果进行价值判断并为教学决策服务的活动,是对教学活动现实的或潜在的价值做出判断的过程。教学评价是研究教师的教和学生的学的价值的过程。"多彩课堂"教学评价包括教与学两个方面,主要包括:教学目标是否饱满、教学内容是否丰富、教学过程是否立体、教学方法是否灵动、教学评价是否缤纷、教学文化是否具有激励性。(见表5-3)

表 5-3 厦门实验小学"多彩课堂"的评价标准

评价内容	一级指标	二级指标	A	B	C	D
饱满的教学目标（10分）	目标设置	教师"导"的思路清晰，学生"学"的目标明确				
	层次划分	体现知识与技能、过程与方法、情感与态度、能力与素质目标				
丰富的教学内容（20分）	环节设计	课前先学有体现，课堂容量大，课堂练习有梯度				
	时间分配	保证学生有足够的参与活动、自主学习的时间				
	教学形式	采用多种多样的形式呈现教学内容				
立体的教学过程（20分）	内容选择	教学容量适度，重难点把握准确				
	呈现方式	能有效地整合三维目标，突出能力培养				
灵动的教学方法（20分）	师生互动	师生有激情，课堂气氛和谐，具有学术研究氛围				
	学生参与	学生思维活跃，多种感官参与学习过程，能愉快地获得新知				
	教法优化	教法设计合理，教学方式多样化				
	学法指导	指导学法得当，体现自主学习、探究学习、合作学习方式				
缤纷的教学评价（20分）	评价方式	多样化，充满激励、关怀、导向的作用				
	评价主体	教师、学生（互评、自评）				
	评价策略	在教学的不同目标领域选用不同的方法对学生进行评价				
鼓励的教学文化（10分）	学生主体	尊重学生的主体性，关注学生多方面、多层次的需求，因材施教				
	师生互动	建立师生平等、和谐的课堂气氛，建立师生互动、共同探讨的教学模式				
总评						

等级设置：总分 85 分以上为 A；75～85 分为 B；60～75 分为 C；60 分以下为 D。

总体的评价指向确定了,各学科就结合本学科的特点,将评价内容具体化、学科化,丰富评价的方式,实现多维度、有针对性的评价。

如体育学科,就在课堂教学中通过多元评价引领核心素养落实,通过评价提高学习的热情;通过评价促进技术目标和情感目标的达成,力争将核心素养目标转换为可观察的外显表现,把学习态度、合作能力、运动能力作为综合评价学生体育课等级的标准,运用自我评价、小组评价和老师评价相结合的评价方法,落实核心素养目标的达成。

【案例】

合作探究解疑团;水平二(三年级)仰卧推起成桥

教师引导学生做小结:小组同学根据评价表的内容,开展自评和互评活动。

表 5-4　评价表

评价内容	评价等级		
	学生自评	小组互评	教师评价
积极主动参与合作探究	☆☆☆☆☆	☆☆☆☆☆	☆☆☆☆☆
互帮互助	☆☆☆☆☆	☆☆☆☆☆	☆☆☆☆☆
勇于挑战自我完成任务情况	☺☺☺☺☺	☺☺☺☺☺	☺☺☺☺☺

注:根据本课的表现,按优秀5、良好4、及格3进行评价。

本课教师设置学生自评、小组互评及教师评价相结合的评价方式,激发学生的合作探究热情,培养学生积极动脑、善于思考的品质,培养学生的想象和创新精神。

【案例】

水平二(三年级)站立式起跑

教学中教师运用有效评价教学策略:每个环节,教师都能够用语言进行有针对性的评价,并引导学生进行自评与互评。

表 5-5　评价表

评价内容	学习表现		自评	小组评	教师评
在活动中敢于展示自我、挑战自我,有克服困难与挫折的意识	找方向踏垫操	能	—	—	
		一般	—	—	
		还需努力	—	—	
	学习站立式起跑动作	熟练		—	
		掌握		—	
		还需努力		—	
	两人互相帮助两人快速抢垫	积极	—		
		一般	—		
		还需努力	—		
	比比谁更快	好			
		一般			
		还需努力			
	"老狼老狼几点钟"——让距跑	很好			
		一般			
		还需努力			

评价方法:把认为合适的意见在格内画"★";小组评价由组长填写

　　设计评价表,通过评价提高合作学习的热情:老师改变了运用运动能力高低来评价学生体育课成绩为主要标准的传统评价方式,把学习态度、合作能力、运动能力作为综合评价学生体育课等级的标准,运用自我评价、小组评价和老师评价相结合的评价方法。每节课都留点时间,让各组对本课的合作学习活动情况进行自我评价,挖掘自己的优点,找出自己的不足,这样对提高学生的合作能力有很大的好处,对今后开展合作学习也有很大的帮助,同时还培养了学生自评和评价他人的能力,学生更加重视体育课的学习过程,努力与他人友好相处、合作学习。激发学生合作学习的热情,促进了学生合作能力的不断提高。展示和评比激发学习的热情,引领核心素养目标的落实。

六、教学文化——激励

　　耶鲁大学校长莱文先生把激励学生的能力认定为评价一个优秀教师的三大标准之一,其他两个标准是良好的沟通能力,鼓励学生独立思考的能力,可见激励在现代教育中的重要程度。"被人认可"是每个人内在的、深层的需要。"被人认可"表现为肯定、鼓励、信任，最直接的表现是表扬。大量的事实也说明：好学生是被表扬出来的，坏学生是被批评出来的。欣赏表扬好学生并不难，难的是欣赏表扬后进生。许多人都有求完美的心理，看问题更多带着挑剔的眼光，学生是成长中的人，身上或多或少有这样那样的毛病，特别是后进生，要找到他们身上的优点可不容易，需要老师转变观念，不以一个标准衡量每一位学生，相信每位学生都有其独到之处，多角度立体地看待每一位学生，并细心观察，多发现学生的点滴进步。

尊重和鼓励每个孩子，是实验小学的教学文化。教师鼓励学生采取有效措施制订个人成长规划，培养其积极向上的价值观。学校和教师首先转变自身的思维方式，不能以固定型思维方式要求学生发展成长型思维，认识到人的主要心理特性能力、道德和人格具有可塑性，要为学生创设营造成长型思维的学习生活环境。心理学家告诉我们，培养成长型思维可以从制定可执行的成长计划开始，由此学校提出了"目标激励教育"育人手段，并制定了相应实施方案，培养学生成长型思维品质。目标激励教育将以班级求真、向善、尚美文化建设为导向，以班级小组捆绑发展考核评价为方式，以个人素质能力主动转变为依据，主要从班级文化、小组建设、个人成长目标三个维度出发来打造积极向上的奋进校园文化氛围。其中班级文化有班级特色布置、班名、班徽、班级公约、星级评比、优秀作业展评、班级挑战书等；小组建设有组名组号、组歌组规、小组成员晋级、优胜小组评价等；个人成长将从短期目标（各科成绩、学习计划、人生格言）、中期目标（超越目标、理想大学）、长期目标（人生规划、做什么样的人）来培养学生由"被动到主动"的学习成长过程，形成成长型思维品质，实现具有"中国心、世界眼、现代脑"的新时代中国人的育人目的。实践证明，激励教育对学生成长具有重要作用。

第三节　"多彩课堂"的外部表征

朱永新先生在《新教育之梦》一书中，提出理想课堂的六个纬度，简称"六度"：整合度、参与度、亲和度、自由度、延展度、练习度。参与度，即学生的全员参与、全程参与和有效参与；亲和度，即师生之间愉快的情感沟通与智慧交流;自由度,即学习方式上更尊重学生的个性选择;整合度,即整体地把握学科知识体系;练习度,即学生在课堂上动脑、动手、动口的程度;延展度,即在知识整合的基础上向广度和深度延展,从课堂教学向社会生活延伸。

"多彩课堂"也有其鲜明的六个外部表征:

一、学生思维:活跃、专注、敏思

小学生的思维是其智力的核心部分,小学生思维的发展,是其智力发展的标志和缩影。发展小学生的智力,主要应培养和训练他们的思维能力。我国在新一轮课程改革以来,积极推进自主合作探究的教学方式,教学发生了很多变化,教师设计一系列活动激发学生主动学习,学生积极发言,课堂氛围活跃。但仍存在课堂上教师把控过多、缺少学生质疑问难等问题。有专家通过对200多节录像课教学语言分析发现,课堂上的教学多数仍以教师讲授、提问和学生被动回答为主要模式,课堂上教师讲授、提问和被动发言的比例分别为20%、15%和18%,学生的主动发言比例仅占课堂语言的2%,教师接纳和利用学生观点的比例为5%。学生的质疑寥寥无几。这种教学模式,虽有利于传授知识,但不利于培养学生的问题意识,独立思考、独立判断,思维缜密,多角度、辩证地分析问题,做出选择和决定等。

多彩课堂基于学生思维品质的培养与提升,提出如下几点:

(一)遵循小学生思维发展的规律组织教学

小学阶段以具体形象思维为主要形式向以抽象逻辑思维为主要形式过渡。小学低年级学生的思维虽然有了抽象的成分,但仍然是以具体形象思维为主。比如,他们所掌握的概念大部分是具体的、可以直接感知的,他们难以区分概念的本质和非本质属性,而中高年级小学生则能区分概念的本质和非本质属性,能掌握一些抽象概念,能运用概念、判断、推理进行思考。小学生的思维由具体形象思维向抽象逻辑思维的过渡存在着一个转折期,一般出现在四年级。如果教育得当,训练得法,这一转折期可以提前到三年级。抽象逻辑思维发展不平衡在整个小学时期,儿童的抽象逻辑思维水平不断提高,思维中抽象的成分日渐增多,但在不同的学科、不同的教学内容中表现出不平衡性。例如,对于儿童熟悉的学科、难度小的任务,儿童思维中抽象的成分较多，抽象的水平较高；而对于儿童不熟悉的学科、难度大的任务，儿童思维中的具体成分就较多。抽象逻辑思维从不自觉到自觉。小学低年级学生虽然已掌握一些概念，并能进行简单的判断、推理，但他们尚不能自觉地调节、控制自己的思维过程。而中高年级小学生，他们在教师的指导下，对自己的思维过程进行反省和监控的能力有了提高，能说出自己解题时的想法，能弄清自己为何出错，这表明他们思维的自觉性有了发展。

(二)努力创设学生独立思考和自主探究的空间

在教学中，要给学生独立思考的时间，给学生独立探究的空间，促进学生自主质疑、自主探究，促进创新能力的培养。厦门实验小学李小梅老师以思维导图为切入口，进行了积极的探索。她认为思维导图是最好的"船只"，它是一种可视化思维工具，是词汇与图标之间的连接工具，是实现右脑艺术创作与左脑表达逻辑之间的联结的最好方式。它能提高学生对文本信息的获取、筛选、分析、判断、理解的能力，评价、鉴赏文本信息的能力，以及有效应用信息进行创造的能力，引导学生获得自主提升，进而培养学生的高阶思维能力。她在教学中指导学生用导图帮助学习语文，指导上从扶到放，循序渐进。李老师首先带着学生阅读文本和绘制导图，而后让学生跟学跟画。其次，内容上讲求精练，逐步提高。布置学生先行学习即将学的课文内容，边读课文边绘制导图，借助导图带动积极的思维活动，引导学生自主预习，课堂上精讲精练。同时，随着年级的升高和内容的不同，学生还可借助导图交流文辞内容及所使用的表达方式、表现手法、修辞手法或说明方法、文段音的联系等，进一步修改、补充导图，课后再完善导图，以达到整理知识、复习课文的目的。

(三)通过启发式教学激发学生的思维，引发学生的深入思考

教师要设计有思维梯度、思维深度的问题，启发学生的思考，当学生提出自己的想法以后，教师要学会有效地接纳和利用，在师生、生生的思维碰撞中培养学生的创新思维和创新能力。

有教师在教学统编版语文教材六年级上册《少年闰土》一课，就依次提出以下问题：

①少年闰土向"我"介绍了哪些稀罕事？（雪地捕鸟、海边拾贝、看瓜刺猹、看跳鱼儿）

②这四件事中哪一件事令"我"印象最深？请有依据地说。（看瓜刺猹）

③对比阅读，同是描写"看瓜刺猹"一事，"我"脑里闪出的"神异的图画"与"闰土的描述"有什么异同？

④作者为什么要通过想象、组合的方法，把闰土的叙述转化成这样一幅"神异的图画"？

⑤作者描绘这样一幅"神异的图画"，只是为了表现"情感深""印象美"吗？请联系《故乡》回答。

⑥作者描绘这样一幅"神异的图画"，只是为了在对比中表现内心的悲哀吗？请再联系《故乡》回答。

这些问题，紧扣"看瓜刺猹"这一关键事件展开，形成一个层层递进、螺旋上升的"问题链"，阅读对象也从《少年闰土》拓展到《故乡》，在与节选文本的背景所形成的充分关联中，学生既经历相对简单的信息检索，又要做"痛苦的思考"，在"记忆的美好""现实的残酷""未来的希望"的起伏转折中不断逼近《故乡》的主题，不断地感受鲁迅先生语言的精妙、行文的独到、思想的深刻，实现对鲁迅先生文学成就的初步了解，促进了学生高阶思维的发展。

多彩课堂提倡深度学习，积极培养学生的思维，借助高品质问题，利用思维导图等教学方法，使多彩课堂充分体现思维的碰撞和问题的解决这两条主线。在问题的解决过程中，理解知识，掌握方法，学会合作；在思维的碰撞过程中，培养批判性思维能力，提升思维品质，形成独立人格。

二、学生行为：文明、敏捷、自律

学生行为需要受到学校的规范，因此学校特别印发《实小文明人成长手册》。对于不同年段，学校专门根据孩子们的年龄特点设置文明礼仪的自评标准，让孩子们把礼仪内化成自己应学知识的一部分。学校特别重视"德育生活化"，编印低、中、高三个学段的《实小文明人成长手册》。手册中的"礼仪小学堂"包含了"形象礼仪""课堂礼仪""集会礼仪""课间活动礼仪""交往礼仪""公共礼仪"六个方面的礼仪评价要求。同时，把礼仪教育向家庭、向社区（大楼、大院）、向社会延伸，开展了"争当大楼（院）里的好孩子"、新队员的社区入队仪式等活动，将文明教育延伸到社区、延伸到学生生活的环境中，实现家、校、社携手共创良好育人环境。

厦门实验小学非常重视学生的行为规范，除了重礼仪，还非常重视德育工作。实小以立德树人为根本任务，确立了"全员育人"的理念；以社会主义核心价值观为引领，创新德育工作方式；整合德育工作资源，把中华民族传统美德教育和民族精神教育贯穿于德育工作的全过程，把社会主义核心价值观的培育与践行渗透进校园文化、体现在日常管理、养成于道德实践中。

学校还致力于家校合作学习共同体机制建设的探索与实践。通过构建家校社德育网络，拓宽德育实践范围，举办冬夏令营、假日小队等社会实践活动，组织开展赴河南、台湾等地及澳大利亚、新加坡等国家的游学活动，为学生搭建成长、锻炼的平台。让学生在实践、体验中，培育文明素养、社会公德和社会实践能力，全面提高学生的整体素质。

三、学生气质：雅气、锐气、灵气

通过多彩课堂的锤炼，厦门实验小学的学生气质越来越符合校训"诚、勤、毅、创"的要求。

学校自创办以来，就有着注重德育和礼仪的传统。尤其是近一二十年来，实小更加重视孩子们的礼仪教育。《论语》提及"不学礼，无以立"，学校认为，懂礼仪是一个人适应终身发展、社会发展所需要的必备品格和关键能力。而近年来，对学生素质教育的看重，更是要求学校不断更新教育理念，不断创新多种形式的素质教育课程和活动，以此推动孩子们综合能力的提升。这也正是实小近年来不断加大礼仪教育力度，创新礼仪教育形式的原因。礼仪教育课题十分庞大，学校非常用心地设计了一系列丰富多彩的教育实践活动，将礼仪教育这个大课题落小、落细、落实。比如，将礼仪融入生动的主题教育中。学校在升国旗、开学、毕业典礼及重大的节庆活动中都十分注重仪式感的营造和利用，力争在仪式中引导学生践行公共礼仪，从而获得正确的价值观和情感体验。

厦门实验小学并非只培养知识精英。从 1998 年至今，我校就把国防教育纳入德育课程，每年始终坚持举办国防军事夏令营活动，这已然成为我校的优良传统。夏令营活动中做到全员参与，达到让每个学生"强身健体、独立自主、磨炼意志、锻炼成长"的教育目的，这项工作也一直以来得到了 31 军部队领导的积极支持,他们精心策划、周密布置、科学安排,充分体现了中国军人保障有力、作风过硬的精神。这一传统坚持了十多年。为了培养学生的"锐气",学校选择让学生走出学校的围墙,到更广阔的世界中去经风雨、见世面。通过适当的军事训练,提高学生的政治觉悟,激发爱国热情,发扬革命英雄主义精神,培养艰苦奋斗、刻苦耐劳的坚强毅力和集体主义精神,这有助于学生在生活和学习中勇于吃苦,养成良好的学风和生活作风。

学校深知裹足不前无法培养有灵气的学生,分数无法评定学生的优劣。厦门实小很早就进行考试制度的改革,不仅废除了期中考,单元考也尽可能简化。学校认为,孩子学习内容的全部,应该是他们生活的全部,而不只有课本。因此,实验小学的多彩课堂无限延展,"行走在路上的课程"已然成为课程的重要组成部分。厦门实小把研学旅行纳入学校课程计划,与国内外的学校合作开展研学交流。与新疆阜康实验小学、河南省实验小学等结成友好单位,定期组织师生互访;与新加坡南洋小学和励众小学经常性开展艺术、文化上的互动交流;还远赴澳大利亚参访堪培拉文法学校和澳大利亚国立大学,赴英国走进沃伦路小学和海威小学体验全英式教学。我们的学生在学习之旅中开阔眼界、增长见识、独立自主、团结协作,成为"有灵气"的学生。

四、师生情绪:稳定、宁静、激情

师生间真诚的信赖与沟通,教学中平等民主,不仅有利于建立起和谐、融洽的师生关系和亲密、真挚的师生感情,而且能使学生受到人文与人格的熏陶,养成学生追求真理与正义的品格、礼貌谦逊的交往方式。同时,师生情绪作为学校中最基本、最重要的情绪,是一所学校的校风、教风、学风的整体和最直观的反映。师生情绪作为校园文化的组成部分,对学校精神文化建设、对学生在校的发展和今后的成长都具有重要的作用。

教师要热爱所有学生,对学生充满爱心,经常走到学生中间,切忌挖苦、讽刺学生和粗暴对待学生。教师的稳定情绪才能带来稳定的教育行为,即使面对学生的错误,也没有声色俱厉的批评或是惩罚。教师在任何工作、活动中坚持把德育放在首位;教师在任何时候都要成为学生的表率;教师在任何时候发现学生行为的闪光点都要褒扬;在任何时候发现任何学生的不良行为的萌芽点都要进行教育、劝导。不同的学生具有不同的心理状态、不同的性格和气质等，这就要求教师在处理师生关系时能够对学生的不同特点有充分的认识，能够理解学生之间的差异，宽容学生的不足和错误。

教师的平和体现在教育中民主平等的根本在于人与人之间的平等。作为个体的人，都有权利得到人格的尊重，体现自身的价值与尊严，师生都不例外。传统的不平等师生观对今天依然产生着影响，教育活动中教师权威主义的存在使学生的人格、尊严被忽视，并因此产生师生心理上的距离。长期以来，社会对"传道、授业、解惑"的教师角色要求，已形成了特定的角色心理和行为定式。但是在当今的信息时代，教师已不再是真理的唯一拥有者和说教者，而是学生的向导和生活的朋友。教师必须转变传统的角色心理，树立正确的学生观，既做学生的良师，又做学生的益友。

教师以和风细雨的姿态对待学生，而投身于教育事业时却是充满激情。这积极的情感体现在热爱教育事业和热爱学生之中。学校是为国家培养社会主义建设者和接班人，为社会主义现代化建设培养人才的重要阵地，它关系到国家的振兴、民族素质的提高。教育是一项伟大而崇高的事业，每一个投身于这个事业的人都应感到光荣和骄傲，这是做好教育工作的强大动力和精神支柱，这也是教师激情的源泉。

五、课堂氛围：活跃、温馨、有趣

吉尔·哈德菲尔德(Jill Hadfield)在《课堂活力》一书中说："班级里可能充满了欢乐、友谊、合作和渴望，也可能是沉默、不快、矛盾和敌意。"前者无疑是师生关系亲和度高的表现，也是课堂教学成功的基础。因此，营造宽松、和谐、民主、平等的气氛是课改的一项重要任务。师生应是平等的合作者，要彼此尊重、互相信赖、互相合作，只有在这样的课堂氛围中，师生之间才能形成互动、交流的对话平台，学生才能轻松愉快、活泼热情、兴致盎然地发挥想象力，以最佳状态进入学习，焕发出课堂独有的活力。

现代心理学家告诉我们，轻松、愉快、乐观的良好氛围和情绪，不仅能使人产生超强的记忆力，而且能活跃创造性思维，充分发挥心理潜力，而喧闹沉闷、焦虑不安、忧郁苦闷等不良氛围和情绪则会降低人们的智力活动水平以及学习的积极性。

快乐是我们的思想处于愉悦时刻的一种心理状态，它本来就出自人的心灵和身体组织。我们快乐的时候，可以想得更好，干得更好，感觉得更好。巴甫洛夫的研究表明,兴趣能增进并引起大脑皮层的积极态度,心情愉悦地去学习,大脑皮层就会产生兴奋优势中心,学习的效果就会更好。古代大教育家孔子也说过:"知之者不如好知者,好知者不如乐知者。"

"多彩课堂"提倡"活跃、温馨、有趣"的课堂氛围,鼓励通过创设情境等多种方式,从感性上激发学生的学习兴趣。小学生具有想象力丰富、好奇心强、形象思维多于抽象思维的特点,教师应根据学生这一特点,创设愉快的情境,营造活泼的氛围,来激发他们的学习兴趣。在教学过程中,可以穿插一些表演、朗读、绘画、歌唱,或者利用多媒体的音、形、色、态等优势来营造活泼愉悦的学习氛围,激发学生的学习兴趣。俗话说:被强迫的笑,不快乐;被强迫的哭,不悲哀;被强迫的学习,不会有大的收获。学生只有对他感兴趣的事才会乐意去做,才能做好。这样学生既享受到了学习的快乐,陶冶了情操,增长了知识,又改变了以老师唱主角的沉闷的课堂氛围。教学时,我们可以介绍作者或文章的历史背景,也可以讲述与课文有关的故事情节或者与之相关的故事,也可以灵活地结合周围的环境及课内外当时的情景或者时事,来巧设课堂情景,让学生乐学,帮助学生迅速进入角色,让个性得到彰显,让思维的火花得以迸发,让激情得到释放。

六、教学效果:高质、高效、高品

核心素养以培养"全面发展的人"为核心,分为文化基础、自主发展、社会参与三个方面,综合表现为人文底蕴、科学精神、学会学习、健康生活、责任担当、实践创新六大素养。

学生发展核心素养,主要是指学生应具备的,能够适应终身发展和社会发展需要的必备品格和关键能力;是关于学生知识、技能、情感、态度、价值观等多方面要求的综合表现;是每一名学生获得成功生活、适应个人终身发展和社会发展都需要的、不可或缺的共同素养;其发展是一个持续终身的过程,可教可学,最初在家庭和学校中培养,随后在一生中不断完善。

学生发展核心素养,既需要宏观的顶层设计,中观的课程建构,更依赖于微观的课堂教学。学生发展核心素养不是虚空的,它必须落实,既要落实在课程开发与设计中,也要落实在学科教学中。"多彩课堂"就是以课堂为"主阵地",追求"高质、高效、高品"的课堂效果,实现学科核心素养的"落地"。

学校教研组围绕"如何在课堂教学中落实核心素养"开展专题研讨、教学实验,并总结提炼出相应的教学主张。厦门实小刘胜峰副校长认为,核心素养导向下的数学课堂需要"四要"——要更加注重数学育人价值观的确立,要提供适宜的"数学学习材料",要用看得见的工具撬动学生的高阶思维,要有有效的"数学串联";综合实践学科的刘志东老师围绕学科核心素养提出"塑造良好品质、注重学科跨界、体现自主探究、促进学生全面发展"等教学主张;张萍老师提出英语核心素养的四个深刻内涵,即语言能力,文化品格,学习能力和思维品质,认为要在课堂中不断尝试的三种变革——未来课堂,智慧提问和精讲多学;曾巍老师提出了小学体育课堂教学的三点主张——"细化目标引领核心素养培育;优化教法引领核心素养达成;多元评价引领核心素养落实";程少波老师提出了"学用语言""学会学习""提升思维""发展审美"的四点主张来培育学生的语文核心素养;施伟芬老师认为应该从提供实践创新平台、开展基于教材主题式教学、超越课堂空间限制、充分利用各种资源、激发学生开展自主评价等途径和方法发展学生的科学核心素养。

厦门实验小学结合现阶段的课程背景,不断推进课堂教学变革,通过创造良好的教学氛围、凸显学生本位、强调学科融合等方式,激发学生的学习兴趣,调动学生的学习积极性,努力促使学科核心素养的有效养成。在老师和学生的共同努力之下,教学效果得到显著提高。

第六章

多彩教师——德馨，艺高，大爱

第一节 新时代教师角色的认识

古人对教师的定位是"传道、授业、解惑"，对教师的要求是"智如涌泉，行可以为表仪者"（汉·韩婴《韩诗外传》）。其意为教师要德才兼备，知识渊博，道德、言行均可以作为别人学习的榜样。

习近平同志说："教师是人类灵魂的工程师，是人类文明的传承者，承载着传播知识、传播思想、传播真理，塑造灵魂、塑造生命、塑造新人的时代重任。"号召全国广大教师要做"有理想信念、有道德情操、有扎实学识、有仁爱之心的好老师。"

教师是知识传播者。教师的职责之一是授业解惑，教学生掌握知识，做"经师"，为学生传播科学文化知识。知识是一种传承，需要一代一代不停地往下传，在知识传承的过程中，既要继承，又要有所创新。知识爆炸时代，日新月异，教师必须树立终身学习的理念，经常"充电"，不断更新知识，丰富知识，扩大视野。

教师是方法引领者。教师不但是学生"知识的传播者"，更是"方法的引领者"。不仅要让学生掌握系统的科学知识，而且还要培养学生科学的思维方法，塑造学生科学的探究精神。古人云："授人以鱼，仅供一饭之需；授人以渔，则终生受用无穷。"教育家陶行知也说过："教是为了不教。"这些都很清楚地表明，教给方法比单纯传授知识更重要。因此，教师在自己的主阵地——课堂上必须建立一个接纳性、开放性、支持性的氛围，创设丰富的教学情境，激发学生的学习欲望，培养学生的学习兴趣，确定适合的学习目标，设立和协调达成目标的最佳途径，引导学生努力达成。在此过程中，注重学生良好学习习惯的培养，帮助学生掌握学习策略。

教师是灵魂的塑造者。教师是影响人一生的职业，教师的教诲是照亮人心灵永远的指路灯！教师不仅是用自己的学识教人，而且是用自己的品格影响学生；不仅要用语言去传授知识，而且还用自己的灵魂去感化学生和塑造学生的心灵。在处于成长期的学生的心里，教师是任何力量都不能代替的最灿烂的阳光。教师的人格魅力乃至一言一行、一举一动都会在学生的心灵深处留下难以磨灭的痕迹，时时刻刻起着潜移默化的作用。一个好的老师可能会使人受益一生，哪怕只是很小的力量，也能为学生亮起一盏指路的明灯。

子曰："其身正，不令而行；其身不正，虽令不从。"教师除了要教给学生专业知识外，还要以身作则教会学生如何做人，在学生迷茫疑惑的时候给他们指引方向。要培养学生的完善人格，教师必须先完善自己。那些把关心留给社会，把热心留给学校，把忠心留给教育，把爱心留给学生，把真心留给同事，把耐心留给自己，用心去工作，用爱去育人的教师正闪烁着人格的巨大魅力。

布鲁纳说："教师不仅是知识的传播者，还是一个楷模。如果教师自己看不到数学的内在美和威力，那他就不可能点燃他人对这门课程的内在激情。一个自己都不愿或不会使用直觉思维的教师，就不可能有效地鼓励学生来运用直觉。如果教师自己都没有安全感，畏惧犯错误，那他就不可能成为一个代表无畏精神的楷模。如果教师都不愿冒做出不肯定的假设的风险，那学生为什么要冒险呢？"

作为身负重任的社会一员，教师更应该积极地自我教育，在人格自我完善的道路上不断前进。都说教师是太阳底下最光辉的职业，教师肩负的使命崇高，并且责任重大。虽然我们每天做的事情平平凡凡，然而这些事情连着千家万户的切身利益，更连着祖国的前途、民族的未来。

第二节　多彩教师之解读

教师是一所学校的灵魂,校长办学思想的落地,学校所有的计划落实,都得依赖于教师。教师是学校发展和学生成长的前提和保障,学校的一切工作都有赖于教师去执行、去完成。只有教师队伍强了,学校各方面的工作也随之能更好地顺利开展。作为管理者,要把教师队伍的建设和学生培养一并考虑,并把此项工作前置,努力创设有利于教师成长的氛围,构建有利于教师成长的平台,完善有利于教师成长的机制,才能让教师们主动、积极地发展,以最终达成学校的培养目标。

我校现有教师110多人,教师队伍来源多样化,他们来自全国多个省份,或本省不同地市,毕业于不同学校,有着不同的成长背景。有的是从学校毕业刚走上讲台,有的在当地已是小有名气。怎样让这些教师安心于学校的教育教学工作而又能相互融洽? 怎样让教师们在工作中更好成长而又相互促进? 这些问题是我们一直思考并着力去解决的。

近年来,我校着力建立优秀教师成长的培养机制,创设青年教师成才的良好环境,提出德馨、艺高、大爱的多彩教师之愿景,打造起一支适应学校发展需要的高素质教师队伍。学校教师成长迅速,从这里走出了十三位福建省特级教师,三十二位福建省、厦门市学科带头人,十一位厦门市专家型教师和多位全国、省、市优秀教师,形成了一支活力多彩而又不断向上生长的教师队伍。

一、德馨

教师,是一个神圣的称呼。师德,不是简单的说教,而是一种精神体现,是一种深厚的知识内涵和文化品位的体现;师德,需要培养,需要教育,更需要的是每位教师的自我修养!

道指方向、方法、策略;德指素养、品性、品质。道德并提,最早也最著名的,是《道德经》。老子说:"道生之,德畜之,物形之,势成之。是以万物莫不尊道而贵德。"古今中外教育家都十分重视教师的道德修养问题,他们中大多数本身就是师德模范。

中国春秋末期伟大的思想家和教育家、儒家学派的创始人孔子，提出了一系列有深远影响的教育思想，创造了卓有成效的教育、教学方法，还树立了良好的师德典范。他说，人而无信不知其可也；君子欲讷于言而敏于行；其身正，不令而行，其身不正，虽令不从；不能正其身，如正人何？敏而好学，学而不厌，诲人不倦，不耻下问；等等。

康有为针对不同教育对象而提出不同的师德要求，认为"小学教师当选任德性仁慈，威仪端正，学问通达，诲诱不倦者完之。""中学之师，尤当妙选贤达之士，行谊方正，德性仁明，文学广博，思悟通妙，而又诲人不倦，慈幼有恒者，方当此任。"

英国教育家洛克提出，"导师应以身作则""不可使儿童受到不良榜样的影响""教师的责任是培养学生的绅士风度，使学生形成良好的习惯、德行和智慧，其中德行最重要"。法国教育家卢梭提出"自然教育"的师德观，认为"教育应适应儿童的自然发展，应根据儿童的年龄特征施教"，便于学生个性的发展。捷克教育家夸美纽斯说："教师要成为道德卓越的人，要做学生的表率；教师要充分了解自己职业的社会意义，无限热爱自己的工作。"

厦门实验小学的教师要立德垂范，要明道信道！

教师要做"四个引路人"，要把教书育人和自我修养结合起来，做到以德立身、以德立学、以德施教。教师要明道、信道，要坚持教育者先受教育，努力成为先进思想文化的传播者、党执政的坚定支持者。只有教师自己有理想、有信仰，才能用自己的理想去点燃学生的理想，用自己的信仰去引领学生的信仰。

二、艺高

"艺高"，就是要练就一身过硬的教学、科研、育人等本领，逐步成长为一名潜心育人的教育家、刻苦钻研的学术家、产学研用的创造者。

教师是立教之本，兴教之源。学校只有重视教师的为师艺术水平，不断采取切实有效的措施提升教师教育教学能力，才能帮助教师"多彩"发展。实小教师要业精善学！扎实的知识功底、过硬的教学能力、勤勉的教学态度、科学的教学方法是教师的基本素质，其中知识是根本基础。学生往往可以原谅老师严厉刻板，但不能原谅老师学识浅薄。"水之积也不厚，则其负大舟也无力"。知识储备不足、视野不够,教学中必然捉襟见肘,更谈不上游刃有余。

教师队伍建设工程实施"三化":对青年教师,规范引导,积极开展青年教师基本功岗位练兵,年轻班主任班级管理培训,组织专项考核,使其日益走向"成熟化";对中年教师,要示范激励,充分发挥其在"二导"工作中的核心引领作用,搭建更高平台,使其日益走向"风格化";对年长教师,要充分发挥其在"传帮带"师徒工作中的重要作用,使其走向"自主化"。

同时,我们不断构建教师成长的平台,有涵盖各个层次教师的"二级导师制师徒工作小组",有名师刘胜峰、汤吟莹、钟振裕引领的三个市级"名师工作室",有针对性强、一对一的"师带徒"。

由于建立了比较完善的优秀教师成长的培养机制,创设出优秀教师成才的良好环境,我校的教师队伍走上了发展的"快车道",教师的专业素养跃升,涌现出一大批在省市有良好声誉与影响力的名优教师。

近年,我校评为特级教师的有 5 人(含评后调出),正高级教师 2 人,省名师 2 人(含在培),省学科带头人 9 人,厦门市拔尖人才 2 人,厦门市专家型教师 11 人(含在培)。

三、大爱

师爱是师德的灵魂,没有师爱就没有师德,更没有教育。习近平总书记说过,做好老师,要有仁爱之心。教育是一门"仁而爱人"的事业。

一所誉满社会的名校是靠学校精神站立的,学校精神是一所学校在长期的教育实践中积淀、创造出来的,并成为其成员认同和遵循的价值观念体系、行为规范准则。

教育的本质是丰富人的精神世界,丰富人性。实小教师要敬业爱生,要有"爱校爱生,精益求精"的精神!"爱校爱生"是实小教师的情怀,要怀着一颗"爱"的心来从事我们的教育教学工作,以崇高的责任感投入到我们的教育教学工作中。"精益求精"是实小教师的追求,以活到老、学到老的精神不断提升、突破自我,以最精湛的教学技艺投身到教育教学工作中去。我们引导全体教师做一个充满师"爱"的教师、做一个富有师"艺"的教师、做一个满怀师"情"的教师,鼓励全体教师继承爱岗敬业、乐于奉献的优良传统。

靠学校精神站立起来的教育充满力量。学校教师点点滴滴的平凡中孕育着伟大,丝丝缕缕的日常事务中镶嵌着责任和坚持,每一位老师都在用自己最平凡的工作阐述学校精神,展现一所学校教师队伍的灵魂。我们描画汇集实小教师"大爱"的人与事,从社会、家长、学生、同伴等不同视角叙说"大爱"的精神内涵。

比如:李静老师德才兼备,敬业爱岗,不仅书教得好,品德也是一流的。课堂上她总能循循善诱,诲人不倦,牢牢抓住孩子们的心,充分激发学生的学习热情和灵感。在为人处事方面,她总能耐心地对待孩子的每一个细节,以正面引导的方式开导孩子,在孩子的眼里像个慈祥的母亲和交心的朋友。她从不接受家长送礼,却自己掏钱给学生买"六一"礼物,军训时给学生买水喝。

刘丽娟老师是一位富有爱心、很有责任心的老师。对所有学生一视同仁。一次,一个孩子父母同时外出,家里只有阿姨,刘老师在学习和生活上多加督促。老师对孩子说:"你的爸妈不在家,我就是你的妈妈。"家长外出一个多星期,孩子的功课没落下,表现得比家长在时还要好。有一次一个孩子在学校因不舒服吐了,她及时打电话通知家长把孩子接回家休息,还亲自把孩子的呕吐物清理干净。过后,还帮学生把落下的功课补上,占用了她下班后的很多时间。她善于教导孩子从小培养互助、友爱的习惯,班级的"善行树"记录了孩子们的美好品德,引导孩子从点滴的小事做起。

谢小青老师是一位平易近人、教风正派、工作十分认真的老师,对孩子耐心细致。孩子们经常说,谢老师会跟他们聊天,他们很喜欢谢老师。谢老师对孩子的进步及时鼓励,让孩子的心暖暖的,孩子们愿意把心里话告诉谢老师。一个工作负责并能与孩子交心的老师,在家长心目中是崇高的。

黄苏萍和李素珍是两位令人敬佩的好老师。她们很有责任心、很爱孩子,对孩子的付出很多。记得两年前班里有一个孩子生病了,住院期间,两位老师经常电话慰问,还亲自到医院探望,对孩子关怀备至,让家长非常感动。有一次,有一名学生期中考没考好,家长发了短信给老师,没想到黄老师利用中午休息时间给家长回了长长的短信,详细分析了孩子在考试中的问题,并提出平时学习中的问题与今后改进加强的几点建议。李老师不看重一时的成绩,强调打牢每个学生基础,着眼于长远,难能可贵。孩子们喜欢上李老师的课,她幽默风趣的授课方式深深吸引着孩子们。

第三节　打造多彩教师团队

一、修炼课程，让自己成为课程高手

随着教育改革的逐步深入，基础教育学校多样化和特色化办学的趋势日益明显，跨学科融合、项目式课程不断涌现。因而，体现学校特色的重要因素之一——课程，它的多样化和特色化更加显得重要。不少学校从当地经济、文化特色出发，增强课程的地方性、灵活性的尝试已经体现出明显的优势，这些带给我们很多的启示与触动。

（一）课程研修

学校课程建设需"顶天"，也需"立地"，课程项目的具体内容开发需要教师们积极参与、贡献智慧。我们把课程研修作为学校教师队伍发展的专业保障，通过组织教师修炼课程，让教师成为课程高手，在开发建设实施学校课程领域实现多彩成长。

课程设计通常是由课程专家来完成，而最了解学生需要的教师却只是课程的实施者，被排除在课程设计的范围之外。教师如果没有很好地把握课程设计者的意图，那么，他就不可能很好地实施国家课程，或者很难使课程达到预期的效果。也就是说，无论是课程计划、课程标准，还是教科书，都只是有"应然课程"的意义，只有教师领悟与实行的课程，才具有"实然课程"的含义，更接近课程的事实状态。

另外，教师是课程的实施者，他最了解学生的知识、能力、兴趣，他应该成为课程开发的一员。校本课程开发赋予了教师一定的自主权，充分调动了教师积极参与课程开发的热情，为教师提供了发挥创造性空间和大显身手的机会。教师参与课程开发本身，也是教师接受继续教育的过程，有助于提升教师的专业水平。

在这种形势下，我们学校把课程编制权力部分下放到教师，让一部分优秀的、有特长教师参与部分课程的开发任务，开发更多有特色的课程，有效地补充了学校现有的学科课程，丰富选修课程类别，改变兴趣课选修课过度依赖外聘教师的现状，形成了学校的特色课程。

培养教师课程知识与课程开发能力。就教师的课程知识结构而言，除了学科专业知识、教育学和心理学知识以外，更为重要的是实践性知识。新课改要求教师自己决定课程，也要对自己的课程负责。这不仅给教师创造了巨大的课程设计空间，客观上也要求广大教师在实践中不断提升其课程开发的能力。教师在课程开发中，通过对自己课程开发实践的反思，通过与课程专家的合作、与其他教师的协作、与学生的探究等，逐渐积累课程开发的能力，促进自身的发展。

培养教师参与意识和合作精神。教师参与课程开发促使教师必须打破过去僵化的、模式化的、习惯的教学方式，要求他们介入课程开发，把自己的实践知识与他人分享，与他人一起制作课程方案，一起对课程设计和实施活动进行评估，等等。而"校本课程开发"活动为教师参与意识的培养、参与课程开发创造了良好的外部氛围。

课程开发是一个系统工程，要求课程专家、校长、教师、学生、家长及社区人员广泛参与，要求教师与教师及教师与课程开发的其他参与人员密切合作。在开发过程中，需要不断加强教师与教师、教师与校长、教师与学生、教师与家长、教师与社区人员、教师与课程专家的专业对话，沟通协作，互相学习，互相支持，在合作中促进教师的专业发展。

培养教师行动研究能力。课程开发就是教师不断反思、参与科学探索的过程，它遵循"开发—实施—观察—反思—再开发"这个螺旋上升的过程，要求教师从课程的使用者转化为课程的创造者；要求教师既是教育教学的实践者，又是课程的开发者和研究者。在课程开发的过程中，教师不仅要研究学校和学生，反思自身，还要研究问题的解决方案，以及研究交往、协调的方法。在行动研究过程中，教师通过对自己教学行为的反思，总结经验教训，研究教学过程，从而发现适合自己的教学方式和教学风格，最终提高自己的教学水平和研究能力。

我们成立教师发展共同体，关注教师的课程参与，提升教师的课程能力，倡导精益求精的专业精神，塑造"发展，没有尽头"的专业文化。在学校，任何教师都没有停下课程开发脚步的理由，每位教师都要追求建构品质课程的不断精进。当然，学校在这方面需要采取辅助进步的策略，即我们把教师划分为新手型、熟练型和专家型三个层级，每个层级都有具体的发展目标和富有操作性的专业发展措施。针对不同教师的实际情况，适时地给予有针对性的帮助。

我们建立教师成长档案,档案中包括八个方面:①"我"的教学主张。对自己的教学主张进行陈述,用以描述个人的教育信念与价值观。②"我"的 SWOT 分析。对自身优势与劣势的剖析,对外界威胁与机会的解析。③"我"的与学校目标愿景相融合的工作策划书。既要有短期的,也要有长期的。④三封信。一封来自校长,一封来自同伴,一封来自家长。⑤"我"自己筛选出的工作范例。以叙事形式记录的材料,如课程开发、教案设计、教学实录、经验总结、自我反思等。⑥"我"所参与的专业发展活动项目。记录活动内容,阐释活动中的收获。⑦"我"公开发表过的文章、专著。⑧"我"所获得的评价。包含对自己的评价,来自家长的反馈,同伴给予的评语,学校给出的综合评价。对这些关于"我"的材料的搜集与分析,能够发现"我"的不足、找到努力的方向。

(二)课程实践

随着以"核心素养"为标志的新一轮课程改革的兴起,基础教育阶段的学校都在组织力量进行顶层的学校课程规划设计,课程设置与研制正在发生显著的变化。拓宽学校课程建设主体与要素,探索社会资源进入学校的途径,扩充学生选修与基础课程相结合的实现条件,构建多元化的课程建设资源体系更是许多学校都在努力的方向。作为学校课程建设的重要组成部分,我们借助"一师一课程"的整体规划开发,更加广泛和有序地促进教师课程能力的发展。

我们以提高学校课程品质为宗旨,以推进我校课程建设、推出教师个性化课程为目标,按照"集优、创新"的原则,集中一批优秀教师先行开展"一师一课程"资源的开发和实践,在形成经验的基础上,逐步推展"一师一课程"的开发。着力开发既与教师的兴趣、专长关联紧密,又符合学生身心发展的特点,能够吸引学生,并让学生感到值得去学的课程。

课程纲要是校本课程开发的核心产品,其不仅有利于教师把握课程的目标和内容、审视满足课程实施的所有条件,而且还有利于学生明确所学课程的总体目标与内容框架、有利于学校开展审议和管理。学校组织骨干教师研制《一师一课程纲要》,形成教师生成课程所需的各种元素的计划文本,教师根据课程纲要从自己的特长中精心挑选出鲜明、具体的课程主题,比如"二十四式太极拳入门""汪国真诗歌欣赏""京剧入门与欣赏"等。

学校对于积极参与的、所开发课程具有独创性且受到学生欢迎的教师,给予适当的奖励。在多彩课程的开发过程中,老师们的潜力也被充分挖掘。赖老师、杨老师、赵老师充分发挥书法特长;吴老师发挥个人集邮爱好;郭老师、张老师根据学科特点,开设逻辑思维领域课程;潘老师进行学科统整,开设阅读与电影课……学生由喜欢老师到喜欢老师开发的课,由喜欢老师开发的课到更爱我们的老师。

随着信息技术不断地与课程融合创新,课程实施受信息技术的影响也在不断地发生变化。翻转课堂、慕课、在线教育等悄悄改变着课堂教学形式,微课程等在线资源正在变为学生高效学习的有效手段,人工智能和大数据又促进了课程评价的转变,信息技术正在改变原有的学校课程结构及课程的实施和评价。我校抓住信息技术发展的趋势,紧紧围绕课程及教学,通过创新出有效的线上教学课程,促进教师素养的发展。

经过实践,我们发现:基于信息技术的新课程开发,教师是最根本的,资源建设是核心。教师理念不先行,不更新观念,不真真实实地行动起来,教育信息化工作就会只有口号没有行动;信息化先进的学校,必然是建立了现代化功能齐全的云存储空间和多元的教学资源支撑平台,为教师教学与学生学习提供数字资源服务。

学校要建一支信息技术的"革命队伍",要提升数字教育资源开发与服务。学校信息化建设需要顶层的规划设计,需要有改变旧教学行为的引领者,需要有指导并开展信息技术与学科教学融合的创新活动,需要开发建设网络教学平台,需要有技术设备管理与维护的专业队伍,需要协助做好教师参加各类信息技术培训和相关比赛……总之,要建一支信息技术的"革命队伍"。

我们很快把学校电教组升格为"学校信息中心"。有了岗位,就有了推动教育信息化发展的人;有了人,才有了可能性,有了敢于打破问题堡垒的毅力和主动,有了自动自发先行先试的"革命"精神和行动。信息中心教师很快就进入角色,有的人规划学校智慧教育实施方案,有的人开发信息化教育培训课程,有的人全面摸排学校电教设备器材,等等。

自从学校成立信息中心之后,每年都举行一场智慧课堂教学观摩大型展示交流活动,邀请了来自上海闵行区教育学院,还有来自本市、漳州、三明、宁德及深圳的许多教育同行、专家领导莅临参会。活动包含学科观摩课、成果汇报讲座,精彩纷呈,不仅完整地展现了我校智慧课堂的探索与实践成果,更是对多年来的信息化课程实践经验进行了梳理与总结。

如此持续地、草根化地、不加条件地影响着教师,容易生成教师共同认可的愿景和使命。"星星之火,可以燎原"的革命精神对于推动一线教师深化思想认识、提升教育信息化积极性是很有参考价值的。

二、修炼课堂,让自己成为教学能手

(一)实验新课堂

课堂教学是教师的幸福成长和健康发展的主阵地,是多彩教师彰显"艺高"的主平台。进入素养时代的当下,教师更应该修炼课堂教学艺术,明确以"核心素养"为导向的课堂教学要有什么样的改革内容,聚焦核心素养导向下的课堂教学变革,才能培养出满足未来社会挑战的人才。

提升教师课堂教学能力,要从分析当前教学模式与"核心素养"指导思想下的教学模式的区别开始,发现在以"核心素养"为教学思想或教学理论的指导下建立起来的新教学模式的特征。推动教师寻求从单科课程到主题综合课程的教学内容重组,从学科中心到学生中心的教学定位转移,从一元单向到多元多向的教学组织发展。

教学设计不仅是师生活动的设计,更是要紧紧围绕核心素养设计教学过程和教学方法,通过教学努力把学生培养成为知识丰富、思维敏捷、善于探究、勇于创新、人性善良、情感丰富、品格高尚的人。

研究核心素养导向的课程设计是教师提升课堂质量的首要任务。教师要剖析基于核心素养的课程设计的价值取向,并据此改进课程结构,使课程更具有立德树人的意蕴。基于核心素养的课程设计,教师需要具备整体的课程观,了解某一学段学生核心素养发展的脉络,能够准确定位每个学科的教学内容在这一学段学科核心素养发展中所起的作用,析取出主要的学科目标,并将其作为教学设计和实施的重心。教师还要根据课程标准的要求、教材的内容,并结合学生的实际,围绕核心素养的内涵来确定教学目标和设计教学活动。

我们学校组织教师实验新课堂,重点思考:课堂教学是否实现了"文化基础"的主要培育目标,目标的实现是否合理,关注的是教学还是人本身。我们重新审视"三维目标"的发展和整合问题,将双基优势转化为核心素养的培育优势,超越"三维目标",提升学生发展核心素养。

在三维目标基础上提出核心素养,这是对三维目标的发展和深化。核心素养更直指教育的真实目的,那就是育人。核心素养具有中国特色,包括了能力、品格。核心素养的提出，对教学下一步的发展，有了更明确的指向。

全校树立了良好的课程教学导向，教师群体教学目标认识导向就明晰了。之后，学校每个学科都开展以"核心素养"为教学指导思想的课堂教学研究，突显学科核心素养，向35分钟的课堂要质量，开展学科专场研讨活动，推动日常学科教学发展等。

我们选取语文、数学、英语、体育、科学、综合实践等六个学科围绕"核心素养"所进行的教学实验的总体情况和目前所取得的实验成果，与翔安区进修附小共同承办城乡共同体教学研讨活动，举办教师校级特色课堂展示活动和区级阅读教学专场活动，不断地展现我校教师优秀的教学风貌，发挥中青年教师在课堂教学改革中的重要作用，提升教师的教学素养。

另外，"每月一课"也是我校已开展多年的"实验新课堂、提升新能力"的一项行之有效的教研活动。以教研组为单位，每个月推出一个研讨专题，围绕这个专题开展备课组集体备课，研课，磨课，相对成型后"端出来"，全体教研组成员共同参与。课后评议阶段先由执教者讲述教学意图、课堂达成效果等，然后由一位教师围绕研究专题对照课堂教学情况进行主评，其他教师参与。

（二）"1＋X"个性化课堂

教育的目标越来越指向"以人的发展为中心"的综合性素养提升，教育的眼光不仅是立足当下，更要放眼未来。落实教育目标，课堂是主要的依托。为了实现基础课程目标和学生核心素养并行发展，我校推行基于国家课程的、符合厦门实小学生发展需要的学科"1＋X"课堂模式，力求推动既适合学科本质要求，又适合教师个体多元教学的样态。

"1＋X"课堂中的"1"是各学科落实"学科核心素养"的部分，突出学科本质教学；"X"是指学科教师的个性化实施，实验跨学科整合教学。"1＋X"中的"＋"不是简单的加法，而是"1"与"X"相辅相成，既使学生学好国家规定的核心知识，形成核心能力，又能在这个基础上使知识得到拓展或深化，使运用知识的能力、探究问题的能力、动手实践的能力等得到提升，满足学生个性需要，促进学生全面发展。

在"1＋X"个性化课堂实验中，我校数学和语文两大学科不少老师大胆尝试，积极思考，突破传统教学的思维疆界，勇于成为课程实施的"领跑"人，如张菁、吴云敏、谢淑美、唐亚明等老师在不同的领域中，拓展了数学学科"X"内容，潘品瑛、汪晓丽、洪雅萍等语文老师，也从自己的兴趣特长中，发展出了语文学科"X"的个性化实施。

张菁老师从"基于STEAM理念下的数学教学提升学生数学素养的策略研究"的角度，走向STEAM教育，一层一层揭开她的面纱，与她展开了美丽相遇。她从开发项目学习课程入手，巧接了数学与科学、技术、工程、艺术的知识，发展学生综合能力。目前已有以下三个方面的STEAM课程项目：①基于教材单元知识的项目设计；②基于重要教学主题的项目设计；③基于数学思想、方法和文化的项目设计。这三个方面的课程实施，有以标准课时为主阵地的常规课时教学，如"走进三角形"系列，也有以选修课为营地开展的教学，如"数学与折纸""数学与拼搭"等。

吴云敏老师在"小学数学跨学科综合课程建设的实践研究"中，积极而又富有成效。她将多学科的知识融入数学课堂，提升数学课堂的文化底蕴，把语文的成语故事、科学的健康饮食金字塔和日晷制作、美术对印和节奏的美感、音乐的小乐器演奏及音符的乐理知识、信息技术学科Word和Excel软件的使用方法引入数学课堂，使学生由已知的领域进入未知的领域，通过已知的知识探求未知的知识。这样既可以激发学生学习数学的积极性，还可以达到数学与多学科相辅相成、相互促进的效果。她将多学科的思维融入数学课堂，比如依托语文联想思维科学创造思维沟通新旧知识间的联系，提供解决问题的线索，培养学生思维的敏捷性与灵活性；借助科学创造思维拓宽孩子们思维的广度，寻求方法的多样化；进而发扬科学批判性思维，培养学生思维的严密性；利用艺术学科的形象思维（制作模型、画图解题），帮助学生抽象数学知识方法；运用信息技术学科的计算思维提高学生的解题能力；将多学科的方法融入数学课堂，让学生掌握多元学习的方法，等等。

汪晓丽老师根据自身特长及兴趣爱好，开发"故事＋对联"校本课程。对联形式短小，文辞精炼，既是一种生动的艺术表现形式，又是一种优秀的文化遗产。在一千七百余年的历史传衍过程中，楹联与骈赋、律诗等传统文体形式互相影响、借鉴，历北宋、明、清三次重要发展时期，形式日益多样，文化积淀逐渐丰厚。同时，楹联也是一种习俗，在华人乃至全球使用汉语的地区及与汉语汉字有文化渊源的民族中传承、流播，对于弘扬中华民族文化有着重大价值。对联从古代发展到今天，物质外壳发生了变化，但精神内核依然保留。对联教学，直击"文化传承与理解"，旨在引导学生理解并传承文化，提高思想文化修养。

三、修炼管理，让自己成为育德巧手

百年大计，教育为本。教育大计，教师为本。立德树人，德育为先。培植有生命迹象的校园，创办有生命情怀的教育，需要我们尊重教育规律和生命成长规律，让学生们的生命之树根植于坚实的大地，向着阳光，向着未来，舒枝展叶，茁壮成长。

多彩教师应该是幸福的教师，具有良好的育德能力。幸福的教师，更会爱，会有更主动、创造、高效的教育行为，始终以积极的心态和姿态出现在学生面前，不把沮丧和埋怨、痛苦和悲惨等负面情绪传染给学生。

多彩教师更有教师的样儿和范儿，始终相信教育的力量，相信自己的意义和价值。一个自己都不相信教育的人，绝不可能做好教育。一个连自己都不相信的人，绝不可能成为好教师。

（一）德育网络

生命是世间最珍贵的存在，成长是教育永恒的主题。基础阶段学校的教育要坚持以每个学生的人生幸福为价值取向，以多彩教育成就幸福人生，让生命拔节成长的天籁之音回荡在校园的每个角落！

学校德育要立足学校实际和学生家长的需要，把课程与学生的生活相联系。教师是否积极寻求德育工作创新的生长点和突破口，是否重视策划学生德育实践活动的方式方法，是否提供德育生活化的内容，将直接决定着学校德育质量。我校注重在德育活动中提升教师的育德能力，积极鼓励教师创生具有学校特色的拓展课程，促使学生通过体验和内省来实现自我教育和自我完善，促进学生的道德认知向道德行为转化，成为阳光、自信、文明向上的实小人。比如：

坚持德育课程仪式化、常态化、个性化、特色化、协同化，把对教育规律的探寻融合于德育实践之中，使多彩德育充满了生命气息。教师把每学期的开学典礼、期末闭学式和每周的升旗仪式、新生入学和六年级毕业、少先队入队、庆祝国庆、喜迎新年、庆祝六一等都纳入各班级的仪式课程内容。在各种仪式中创设生动情境，让学生有欣喜、有感动、有快乐，把使命感、责任感及中华优秀传统美德于潜移默化间烙印在了孩子们心底，激励着他们"向最好的自己出发"。

坚持德育课程的常态化。我们结合传统节日、纪念日，组织教师开发德育课程,丰富德育实践,传承和弘扬中华优秀传统文化。三月进行"践行雷锋精神,弘扬文明风尚"主题教育、"我爱妈妈"三八节主题教育活动;四月开展"缅怀革命先烈,做新时代的追梦人"清明节主题教育活动;五月开展劳动教育;六月开展庆"六·一"主题活动;九月开展尊师教育;十月开展爱国教育;十一月开展爱校教育;十二月开展喜迎新年教育。各年段结合学生年龄特点开展丰富的活动。我们坚持开设一年级与毕业班的衔接拓展教育课程,六年级以启动"最美毕业季"活动为主题,教育学生以实际行动做"最美毕业生"。

坚持个性化的德育课程——"做最好的我们"。我们利用劳动教育实践基地、综合实践基地和其他社会资源,发动全体教师组织学生到厦门德育基地——竹坝农场开展劳动训练,学生在竹坝农场进行劳作,体验动手制作台湾环保手工香皂和美味意式比萨,下田摘花生……

德育早会课是师生同心智慧管理的阵地。为了更好地开展班级管理工作,更好地走近学生、了解学生,一些班主任老师在早会课尝试实施由班长主持、由值日班长和劳动委员轮流上台汇报昨日班级常规及卫生值日情况的早会模式。根据反馈,班长需要根据班规当场提出解决方案或者做出裁决。而班主任就是起到从旁协助,适时地纠正或给出建议的作用。小干部们在同学的监督之下养成了公平、正直、大胆的做事风格,收获了自主解决问题的能力,越来越独立。

众人拾柴火焰高,家校共育路更宽。我们还不断强化教师要争取家长支持和配合的意识,学会建立"同学习、共成长"的家校关系。一学年两次的家长开放日系列活动、六年级毕业典礼、校园"六节一会"等都可以看到教师热情接待家长参与的身影。家长会由校长亲自主讲,教师人人上台与家长进行沟通,使家庭教育更加科学高效。我们要求每个班主任老师要以假日小队为活动载体,集家长力量,开发课外教育资源,让来自不同工作单位,具有不同社会资源的家长一起行动起来,构建以社会教育为依托的三位一体德育教育网络。

(二)人人都是德育工作者

存在感和价值感是学生成长的动力源泉,要让每一个孩子散发出他独有的光芒,需要每一位教师在每个教育活动中都把育人放在首位。

在校园,如果每一位教师都一起多鼓励、赞美孩子,而不是批评、指责、埋怨孩子;如果每一位教师都用行动去影响孩子,而不是用言语去说教孩子；如果每一位教师都多聆听孩子的心声，而不是急于评断孩子；如果每一位教师都无条件地去爱孩子本来的样子，而不是去爱自己要求的样子；如果每一位教师都学会蹲下来与孩子平等沟通，而不是居高临下地指使孩子。那么，教师将成为孩子生命中最好的朋友、最亲密的伙伴、最慈爱的老师，学校德育的渗透就会像光、像空气、像雨露，在润物细无声中，在一个个日常中发生、开始、浸润、渗透、闪亮。

我们学校要求人人都是德育工作者，每一个教师要坚守一块德育的阵地，用爱和智慧诠释德育教育的本真。每个月我校会组织一场以爱育爱、寓德于行的"德育微论坛"，全体教师齐聚一堂，通过微绘本、微戏剧、微歌曲、微视频……共享"科学管理，智慧育人"这道德育饕餮大餐。

每一次的德育经验交流，几个老师讲述一个个真实的德育案例，力求短小精悍，旨在能对听者有所启迪。在每一个老师心中都有许多"与学生不得不说的故事"，学校许多老师在年级德育微论坛娓娓道来，演绎德育的真、善、美。

高斌老师用她二十多年的带班经验，讲道："爱学生，不必硬碰硬，放低身段，像个朋友，也能轻松解决问题。及时发现每个孩子的闪光点，相信孩子的能力，遇到问题疏导为主。用心爱，放手爱，狠狠爱，爱自己，爱他人，不怕张扬，让所有人都知道娃儿的进步。爱娃儿的好，爱娃儿的错，爱娃儿的进步，允许娃儿反复，更爱娃儿的改正……让爱，张扬在我的教育中！愿爱，在娃儿的青春萌动中张扬！"

杨惠玉老师在她分享的案例"降低要求　量身定做——让学困生和他家也有幸福感"中说道："孩子是花的种子，有的花开得早而绚烂，有的则迟迟没有发芽的动静。班上的 A 同学，就是一颗暂时还没发芽的种子——他不愿意写作业，稍遇难就退缩，即便老师天天留下补课，他也没法领会要点。怎么办？除了家校沟通，除了静待花开，我决定对他降低要求，为他量身安排作业！难的做不了，就做基础的；写的不爱做，就做读的——我找他私下沟通，表扬他嗓音好，鼓励他坚持每天美美地朗读，争取在朗读方面秒杀其他同学。——他欣然同意，不仅坚持朗读，还把录音给我。在这样'量身定做'的作业中，他学会了坚持，获得了一份属于自己的幸福感！"

赵鹭珊老师在《向孩子借一点光》中讲述道："每个孩子身上都有无限光芒。E 同学心中有校园、有老师、有同伴，心中装着满满的爱与阳光。我们需要寻找孩子身上的光源来温暖自己，再折射到孩子身上。尽力做到心中有爱，眼里有光；严慈相济，适时引领；耐心陪伴，静待花开。爱不是无底线的,不断鼓励他的同时,我也从不放纵他的错误。不是所有的种子都能发芽,但只要播下去了,就会有发芽的可能。向孩子借一点光,温暖我们自己,也照亮孩子一路向前!"

陈倩荣老师说:"爱是红色的,好似一团热情的火焰。课堂充满激情,对孩子从不吝啬鼓励,希望每一个孩子爱上班级、爱上学习,从学习中找到属于自己的成就感。多彩教育让人人出彩、个个精彩,多彩教育让老师刚柔并济、严爱有加。重新分班,让孩子认识更精彩的自己,让孩子感受更多彩的爱。"

育人方法千万条,唯有真爱第一条。一个个鲜活的案例,或令人深思,或让人感动,或引人发笑,老师们的爱,或深沉,或温柔,或热烈,无论如何,都彰显育人者的教育智慧。没有热爱,就当不了好老师,没有爱的智慧,就无法真正读懂孩子。让师爱,让智慧,变成你我身上的光,照亮自己,也照亮每一个孩子前行的路。

四、修炼研究,让自己成为科研推手

苏霍姆林斯基说过:"教师在研究状态下工作是一种幸福。"这是一种教育境界,是一种幸福体验。实践表明,扎实有效的研究是教师专业发展不可缺失的工具。

(一)校本教研

校本教研是由校内学科教研组所开展的有目的、有主题、有程序、有总结的教学研究活动,它是促进教师专业发展和提升学校教育质量的重要途径。

在教育变革和传统教育体制的张力之下,学校教研活动面临各种问题,"不明确责任、不关注教研内容、不注重方法、不重视教研结合"成为普遍现象。如何改进学校教研活动,充分发挥在促进教师发展、提升教学质量、深化课程改革中的作用,这成为亟待解决的问题。

现代化的校本教研不应建立在约束性行为规范和规则的基础上,而是要基于教师共同愿景建立相应的行动章程与基本要求,教师通过自律的行为实现对制度的遵守。为提升备课组集体研究备课的质量,我们学校要求各备课组按以下要求(流程)开展活动:

一、集体备课时间与地点

各学科年级备课组（教研组）按学校教导处规定的集体备课时间、备课地点组织集体备课。

二、集体备课流程

第一环节：交流上一周教学情况，包括各班教学进度、学生学习主要问题、教师精彩教学等。

第二环节：协调下一周教学计划，包括课时安排、作业布置、学科年级活动、教师公开课准备等。

第三环节：互相检查教案，签字。

第四环节：进行主题备课。根据上周确定的主题，由一个人主讲八分钟以上，再进行同伴讨论交流，具体要求如下。

（1）每周一次的主题备课要聚焦一个主题，不能泛化。

（2）每周一次的主题备课，应占该场集体备课的一半时间以上。

（3）周主题备课的内容应该以"一个单元重难点分析、一篇课文教材解读或一节课的设计"为主，也可以是：一个课例的赏析、一道习题的解析、一种教学现象的剖析、一场活动方案的讨论、一份作业的评议等。

（4）要提前一周确定一个主发言人，主发言人要提前进行准备。

（5）主发言人进行主讲的时间不能少于八分钟。

第五环节：讨论确定下一周备课的主题。

备注：以上第一、二环节可以视实际情况增减，在办公室的日常沟通中解决。

三、教导处统一管理

学校教导处要做好各备课组"定时间、定地点、定流程、定主题、定发言人"的集体备课工作指导与管理。

王岐山同志曾在关于改变干部工作作风时谈道，"八项规定虽是一个小题目，却是一篇大文章"，"中央过去不知有过多少规定，但都是不了了之；所以这次我们做这个工作（八项规定），就是要从实际出发、从具体入手，只有这样才能抓得住、抓得牢"。

改进教师集体研究备课的作风，正如我们要密切联系群众的"八项规定"一样，"要从实际出发、从具体入手，只有这样才能抓得住、抓得牢"。

（二）课题研究

教育科学研究不仅有利于带动教师观念的转变，观察问题角度的转变，教育行为的转变，而且会让教师体验到思考的快乐、钻研的快乐、成功的快乐。

课题研究在本质上是教育科学研究活动，它不是主观性的设想，也不是随意性研究。它要求教师以科研的态度、科研的方法对学校教育教学发展中的问题进行提炼，形成研究专题，并科学地组织、实施研究，将课题研究与校本培训紧密结合，将课题研究同教育教学改革紧密结合，将课题与学校发展项目紧密结合。

学校若弥漫着浓郁的科研氛围，自觉的研究文化将是学校发展与变革的结晶。我校鼓励教师开耕自己的"麦田"，百家争鸣！以课题的方式，专题聚焦教育教学变革。

一方面自下而上，通过广泛调研、诊断分析学科教师在教学实践中遇到的问题，对问题加以整合、归纳和提炼，以形成相应的研究主题。把教师个体发现的问题转化为教师群体共同关注和思考的问题，把实践中的问题提炼、升华为有价值的主题。

另一方面自上而下，根据当前国家课程改革的方向、学校的发展要求和理论研究的焦点问题，结合本校教研发展现状，确定相应的主题。把宏观的、理论的关注重点与本校教研的实际情况结合起来，切忌脱离本校学科的现实空谈政策和理论。

我校建立多种研究平台形式，如分享展示、参与互动、同伴互助、网上交流、交流切磋、观摩研究，为教师提供展示才华的舞台，也为教师的脱颖而出创造机会。现在教师们参与课题研究的积极性已被点燃，教科研水平也进一步提高，近几年有三项国家级课题，十五项省级课题，十六项市级课题得到立项并顺利开题。

（三）以赛促研

比赛是手段，以赛促练，能够有效提升教师的专业意识和能力，这是许多学校对组织教师参加比赛的基本认识。

我们学校常年开展岗位练兵活动，活动参与率达 90% 以上，教师专业发展成效突出。我们以三年为一轮，每年轮流组织一场教师技能大赛、教师课堂创新大赛或教师岗位练兵大赛。为了扩大参训人员的范围，要求非前几届省市获奖选手的在职在岗教师都要参加训练、从事教学工作满两年的新教师都参加训练，力求使更多的老师在参训中受益。

只要有集体类的教师业务比赛，我们都会成立学校领导小组，认真制定方案，动员鼓励全体教师参与培训和比赛活动。比如，在第四届厦门市中小学教师教学技能大赛中，由教导处拟定训练工作方案，利用暑假时间安排了三个阶段的训练任务。

第一阶段：选手个人研习制定赛前训练计划，充分利用好暑假的时间，各选手根据计划围绕比赛项目独立开展理论学习、教材研读、资料收集整理等研习活动。于暑假的第一个月结束前完成研读教育著作《大教学论》（夸美纽斯）。

第二阶段：学科团队研训指导团队借助网络了解选手前阶段个人研习情况，各学科指导组长在公共群上发布了解到的信息；各学科指导团队分别布置新一阶段研训要求，进一步建议选手做好研训工作，并借助网络进行跟踪指导。

第三阶段：学校集中培训，邀请优秀教师及有关专家做"如何有效备赛""片段教学的技巧""如何评课""怎么做好现场评课或口头评课""如何制作微课程""如何提高个人演讲表演水平"等讲座。

新学期开学后，学校再次拟定"第二阶段学科团队研训计划""第三阶段学科团队研训计划"，安排了选手展示、实操、交流，专家示范、点评，指导教师"下水"等多项训练内容，全力帮助选手做好备赛工作。学校对指导教师的要求，包括要全方位指导——涉及各个主题，全面关心选手，师徒无间；高质量指导——视野广，信息前沿、精准、清楚选手的短板，有质高效；弯下腰指导——自己下水，陪做至完美，先自己阅读再推荐。

经过半年多的研训，选手们的教学技能水平提高了、能力增强了、信心提升了，在比赛中全力以赴，获得了丰硕的成绩。在厦门市举行的四届教师教学技能比赛中，我校派出参赛的 37 名教师中，有 36 人获奖，获奖率高达 97.3%（每届全市参赛选手的平均获奖率为 60%），在全市所有小学中遥遥领先。还有 7 位教师代表厦门参加了三届省教师教学技能比赛，全部获一、二等奖。

这些成绩的背后，正是我校历来重视教师岗位练兵，不断创新教师培养思路的成果，在有效地提升教师素养的同时，有力地促进学校获得新时代的跨越发展。

五、修炼师德，让自己成为爱心帮手

教师的思想政治素质和职业道德水平直接关系到中小学德育工作状况和亿万青少年的健康成长，关系到国家的前途命运和民族的未来。对于确保党的事业后继有人和社会主义事业兴旺发达，全面建设小康社会，构建社会主义和谐社会，实现中华民族伟大复兴，具有十分重要的意义。我们要充分认识新时期加强教师职业道德建设的重要意义！

十八大报告对教育的要求：全面贯彻党的教育方针，坚持教育为社会主义现代化建设服务、为人民服务，把立德树人作为教育的根本任务，培养德智体美全面发展的社会主义建设者和接班人。要加强教师队伍建设，提高师德水平和能力，增强教师教书育人的荣誉感和责任感。

十九大报告对教育的要求：要全面贯彻党的教育方针，落实立德树人根本任务，发展素质教育，推进教育公平，培养德智体美全面发展的社会主义建设者和接班人。

办好教育需要好教师，好教师应该做到职业道德的自觉！职业道德的自觉就是职业智慧和职业担当，人文素养和学识基础是智慧与担当的前提，有了教师的道德自觉才会有教师的职业成长！

师德教育，并不是在出事情、闹新闻后——某个老师行为变态，某几个老师表现极端，或某个地方出现恶性事件、负面新闻，闹得舆情纷纷，"不讲不足以平民愤了"，于是从上到下全面铺开。偶发事件、个别现象弄成人人有份，全体遭殃。

有效的师德教育，要让教师融入学校，最好的办法就是让他们对学校文化产生认同，这样就能更好地调动他们的自我修炼师德的积极性和主动性，与学校"同频共振"，产生最好的效果。我们亦加强文化引领，让教师认同学校文化。

首先，我们让教师充分了解学校文化。

我校作为一所走过了七十多年峥嵘岁月的老校，文化底蕴深厚，办学历程曲折，办学成绩显著，是厦门当地备受社会瞩目的学校。

1944年2月，国立侨民师范创办了附属小学。当时正处在抗日战争时期，条件十分艰苦，国立侨民师范为什么要创办"国立侨民师范附属小学"？是源于一种责任，是为了为国家培养出更有知识、更有文化、更懂教育、更有智慧的一批批小学教师。

1949年中华人民共和国成立前夕，溃退厦门的国民党兵将师生赶出校门。这时的侨师附小老师义愤填膺地走上街头，声讨国民党兵暴行，要求返还校舍。是什么让他们那么奋不顾身？是一种爱学校、护学校的责任。

1949年11月12日，人民政府接管了侨师附小，更名为"厦门市实验小学"，被省教育厅确定为全省首批办好的16所重点小学之一并被命名为"福建省厦门实验小学"一直至今，厦门实小始终坚持着"实验与示范"的办学宗旨。为什么？因为对学校的爱！因为实验小学的每一名老师都深知，这是"福建省厦门实验小学"这块校牌赋予一代代全体厦门实小教师的沉甸甸的责任！

跨入21世纪，我们依然肩挑这个责任，依靠广大教师的敬业和努力，在教师队伍建设、课程设置、考试评价、开放办学等方面进行了力度很大的实验改革，取得了不菲的成效，被授予"全国教育系统先进单位"，三次蝉联"全国文明单位""全国文明校园"等荣誉称号。

历史的脚步远去，留下的是宝贵的精神财富。精神的培育靠的是一代代实小教师前赴后继，矢志不渝。大家热爱学校、热爱学生、脚踏实地、精益求精，用自己的实际行动培育出了实小精神，传承着实小精神！

学校的"爱校爱生，精益求精"的精神深深影响着一代代实小教师，每一位加入厦门实小大家庭的教师刚入校时，学校都会专门组织欢迎仪式，让他们感受到全校师生的热情，都要接受学校的培训，其中就有校情、校史、校风、教风等，要组织参观校史馆，让他们全方位了解学校的发展史，感受学校所取得的成就，树立荣誉感。还要听取优秀教师的事迹报告，了解学校的相关管理制度等，让他们一进校就首先感受到学校浓浓的文化气息，增强对学校的认同。

其次，我们让教师参与学校文化建设。

文化认同的最佳途径就是让教师们参与到学校的文化创建中来，从而让他们更好地融入学校文化之中。我们专门组织开展旨在规范教师言行，提升教育教学能力的"教风"研讨，让教师们根据教育发展的要求对"严、实、精、活"教风内涵进行解读和再认识，追求新的教学形象，宣扬实小优秀教学案例，保持优良的教学作风。

历时三个月，召开讨论会三十多场，收到五十多篇讨论稿，最后大家一致认同四字校风的新内涵："严——严以律己，做出表率；严格要求，严而有度；严中有爱，严中有趣。实——教以务实，夯实根基；实事求是，脚踏实地；真实践行，实至名归。精——精到的解读教材、精当的把握目标、精妙的课堂设计、精炼的设计练习、精准的诊断教学。活——学习,活学以用;课堂,活而有序;课程,源头活水;关系,'活''实'相济。"

对一个老师而言,学校对个人的影响应该是浸润。参与学校的文化建设,能让教师更深刻体会到学校对个体的影响,特别是敬业。让每一位教师从身边同事们身上感受到的对学生,对学校真挚的爱,感受到实小集体的凝聚力、向心力和战斗力。学校就像一个巨大的磁场,你进来了,就会被她同化、感染。

再次,师德教育不能没有真诚倾听教师的意见。

教师们不管是新进校的还是"老实小",在工作中总会产生一些困惑或问题,学校必须畅通意见渠道,做好引导解释工作,让教师们的意见能够"上听",问题能够得到解决或疏导,这样才能心情舒畅地投入工作中。

我校每年都会组织新进教师恳谈会,学校主要领导都会参加。会上,新进教师畅所欲言,畅谈他们进校以来的感受和体会,提出困惑和问题,学校通过这种方式能比较全面地了解他们的思想动态和需求,对他们存在的困惑、问题或实际困难(包括生活方面的)及时疏导或协助解决,让他们能全身心融入集体中。我们每年还通过教代会收集教师们的提案,学校领导召集各部门领导研究后对他们的提案逐条答复,不但提高了他们参与学校管理的主人翁意识,也让他们感受到了尊重,即使有意见的,气也顺了。

道在德先,讲师德,必先讲师道。在具体行为中,一些老师言行失当,跟有无爱无关,而跟会不会爱有关。当老师,既要爱,也要会爱;既要有良好的心态,也要有水平和能力。学校倾听教师的声音,可以更好地帮助教师认识到自己的权利和义务、边界和局限。明白有些学生只靠学校是教育不好的,有些事情也不是教师该做的、能做的。教师如果模糊了自己的边际,超出了自己的界线,很容易造成"事故"。

学校可以要求教师爱学生,但爱多爱少,爱深爱浅,偏爱还是博爱,没法准确评估。学校可以规定教师怎么去上课,但不可能一直盯在教室里看老师怎么上,讲多讲少,讲深讲浅,照本宣科还是别有创意,很难有效考量。事实上,教师工作的很大部分,都不可能用外在规范去检测、评估,需要教师自己的信念和坚持,需要教师自己"讲良心"。

第四节　优化师资管理，通畅教师发展路径

制度与文化是一所学校教师发展的共同牵引力，学校的管理理念需要兼承"科学与人文并重"，以"一切为了教师的发展"为核心管理目标，努力营造民主和谐宽松的环境，向管理要效益，以管理促发展。

我们学校立足 70 多年建校的校情和新时代教师队伍发展要求，制定了我校教师发展规划，形成了教师发展长效激励机制，实现了厦门实验小学教师"四个特别"的队伍建设目标，即特别爱学生、特别能奉献、特别守纪律、特别会教书育人，不断打造建设一支社会放心、家长满意、学生喜欢、师德高尚、师能高强的厦门实小教师队伍。

一、引入竞争机制，让教师在良性互动中成长

（一）"动真格"的岗位竞聘

现在各校都有开展教师岗位竞聘，不少学校为减少矛盾，竞聘工作"一团和气"、论资排辈，失去了竞聘的作用和意义。为改变这种现象，我校制订了以重师德、重能力、重业绩、重贡献为导向，以促进学校发展和教师专业成长为目的的竞聘方案。

具体聘任流程是：首先，走群众路线，广泛征求教职工的意见和建议，让教师们参与评价条件和量化标准的制订，并在教代会表决通过；其次，条件明确了，要求教师们在两年的岗位竞聘期间，通过努力工作来达到相应岗位的聘任要求，积累好材料，为竞聘做好准备；再次，竞聘时，自己对照条件选择要竞聘的岗位，并按要求提交材料；最后，学校在专家库中抽取评委，对教师们提交的材料进行评审打分，公示后根据岗位数按量化成绩从高到低聘任。

"动真格"的竞聘工作的实施，给老师们增加了一定的压力，但教师们的工作活力被调动起来了，尽管每次都有个别落聘教师，但因为竞聘方案教师们有参与制订，竞聘过程公开、公平、公正，所有落聘教师都能接受，并

会在新的一个竞聘周期加倍努力，补足自己的短板。

（二）由被动接受到主动参与

我校每年都接待不少来参观交流的同行，对外开课量比较大，曾出现一部分教师频繁开课，疲于奔命，而另一部分教师鲜有对外展示的机会的现象。为了鼓励教师认真钻研课堂，提升课堂教学效益，让更多的教师展示自己的课堂，学校改变以往由学校指定教师对外开课的方式，由教师自愿申报，提交教学设计，教研组组织相关人员听试教课，学校从中择优调配，这大大提高了教师研究课堂的积极性。每年的评先评优，学校制订方案后，也采用教师们对照相应条件自愿申报，年段（或教研组）推荐，教导处和德育处按评选条件进行各自评审，最后学校联评确定的方式，让老师们感觉到自己的努力有体现，也会看到自己与别人的差距，明白自身努力的方向。

二、"二导"平台是多彩教师的成长沃土

我校于 2006 年创建了"二级导师制师徒工作小组"，至今已经连续 14 年不间断地改进和优化"二级导师制师徒工作小组"的运行方式，使之更加稳定和成熟，并在我校教师队伍建设工作中发挥了积极的作用，已成为我校的教师发展品牌。

我校对教师成长提出了"三化"要求，对青年教师，要规范引导，积极开展青年教师基本功岗位练兵，年轻班主任班级管理培训，组织专项考核，使其日益走向"成熟化"；对中年教师，要示范激励，充分发挥其在"二导"工作中的核心引领作用，搭建更高平台，使其日益走向"风格化"；对年长教师，要充分发挥其在"传帮带"师徒工作中的重要作用，使其走向"自主化"。

为实现"三化"目标，并充分发挥我校骨干教师的引领作用，加速培养在全市乃至全省具有领先水平的优秀骨干教师，同时促进年轻教师更快更好地成长及解决部分骨干教师存在的个人发展"天花板"现象，我校创设了"二级导师制师徒工作小组"师训模式，每个工作小组由一级导师、二级导师和初级教师三部分成员组成，即在学校中选择一批有水平、有影响、有经验的特级教师、福建省学科带头人、厦门市专家型教师等作为一级导师，厦门市学科带头人、骨干教师为二级导师，由年轻教师组成初级教师。具体运作模式是，工作小组由一级导师领衔，一级导师带二级导师、二级导师带

初级教师,其中二级导师既是被指导者又是被指导者。"二级导师制师徒工作小组"组内成员之间呈一个多向的、立体的互动网络。

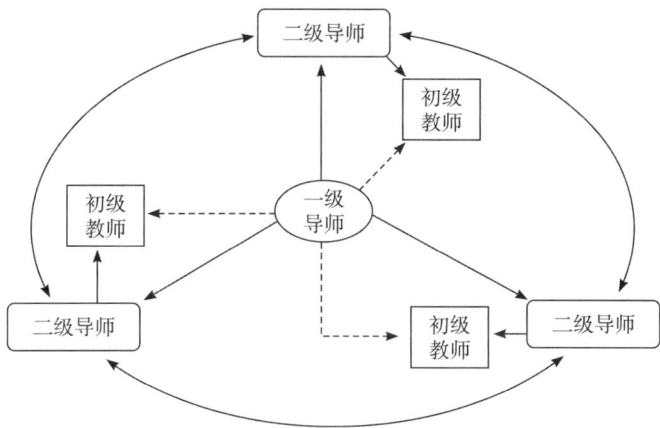

二级导师制师徒工作小组

"二级导师制师徒工作小组"的组成并非一成不变,学校会根据需要不断做出调整。如为鼓励青年教师成长,又出台优秀的年轻教师破格担任一级导师的举措,发挥优秀年轻教师的工作积极性和工作热情,进一步促进他们的成长。对每个工作小组中的各级教师采取"分别对待,捆绑考核"的管理方式,期初明确制定了小组各级老师各自涵盖师德、业务成长等内容的工作要求,工作要求基于各级教师的发展水平,"跳一跳,摘桃子",通过自己的努力,基本能达到。学年末学校考核验收采取的是整个工作小组捆绑考核的方式,每个成员须努力达标,不能存在短板现象,这就促使小组成员间要互相帮助,共同提高,不断提升全组人员的教育教学能力和水平。

学校许多老师把"二级导师制师徒工作小组"比喻成一辆辆四驱车,每个小组中的一级导师相当于车子的前轮,其余的成员如同后轮。就这样,前面带着后面走,后面推着前面跑,每个人都有动力,亦都发了力。

在小组里,虽然有一导、二导、初级教师不同的职责分工,但是教师之间是平等的、自主的。组长只是这些平等席位中的"前轮"罢了,和每个轮子一样,也要不停地"跑",要制定计划与撰写总结,要听每位组员的课,要交过程性资料,要写读书心得,要参加量化评分,等等。破除论资排辈的团队,消除了许多潜意识的束缚,让人更加敢于去猜想、质疑、实验,更容易百花齐放。

虽然前后轮的位置不同,但是它们的圆心在同一条水平线上。"二导"

的成员不仅懂得这个道理，还懂得每个轮子都要用力，力齐了车才能走得稳。在每个二导小组的"四驱车"里，每个人都齐心协力，步伐一致，集体前进。"集体的力量是无穷的，集体的智慧更是无价之宝。'二导'小组里的每个人如果都踏着合作的节拍，就能谱出经验之曲；如果和谐地奏起研究之旋律，就能唱出探索之歌。"

一位优秀的人才需要一片沃土培育他。导师们带着青年教师研究教材、改进课堂教学方式、优化教育方法，让他们走得更好更快些；反过来，青年教师的奋进、孜孜不倦的求问精神，又不断地促进导师们更加认真地发展自己，更加大步地往前走。不管是前轮，还是后轮，不管是在哪辆"四驱车"上，有实小这样温馨的关心、爱护、鞭策、压担子，每位教师都能借此获得源源不断的自我主动发展的力量。

【相关报道】

我校教师"省赛"荣获好成绩，再次用实力说话！

2018年11月24日，我校张菁、杨惠玉老师在"福建省第四届中小学教师教学技能大赛"中分别荣获小学数学组一等奖第一名和小学语文组一等奖第二名的好成绩！

张菁老师　　　　　　　　　杨惠玉老师

如果说"市赛"（厦门市中小学教师教学技能大赛）是教师的"中考"，那么"省赛"就是教师的"高考"，无数全国知名的教育专家、权威名师都是从这两场比赛的锤炼中走出来的！两位老师能从"市赛"中脱颖而出代表厦门参加"省赛"的角逐，本身就说明了实力的强大！而能在"省赛"中获得一等奖,且是一等奖中的第一、二名,那更是"影帝"级的殊荣!

那么,在如此顶级的赛事中,厦门实小过往的成绩又如何呢? 请让我们安静地只用实力告诉你(表6-1)。

表6-1　获奖情况统计

级别	届次	成绩
福建省中小学教师教学技能大赛	首届	1个特等奖、1个一等奖、1个二等奖
	第二届	1个一等奖、2个二等奖
	第三届	1个二等奖
	第四届	2个一等奖
厦门市中小学教师教学技能大赛	首届	3个一等奖、6个二等奖、3个三等奖
	第二届	3个一等奖、5个二等奖、2个三等奖
	第三届	1个特等奖、1个一等奖、3个二等奖、2个三等奖
	第四届	3个一等奖、2个二等奖、2个三等奖

师资力量是一所学校的根本! 在厦门实小七十多年的办学历程中,我们始终以"师德高尚、师能高强"作为教师队伍建设的总目标,培养了许许多多优秀的深受人民喜爱的好老师! 这张成绩单还在不断书写,未来诚可期,就用实力来说话!

参考文献

[1]中共中央国务院关于深化教育教学改革全面提高义务教育质量的意见[EB/OL].(2019-07-08)[2020-08-27].http://www.gov.gn/zhengce/2019-07/08/content-5407361.htm.

[2]卢春梅.阳光下成长:阳光教育的理论与实践探索[M].广州:广东教育出版社,2012.

[3]王明建.新中国建立初期社会主义教育方针的奠基作用[J].上海教育,2019(27):46.

[4]吴潜涛,郭灏.新时代党的教育方针的创新发展及其实现路径[J].中国高校社会科学,2019(2):21-32.

[5]滕立人,孙红云.多元智能理论指导下的小学多彩教育课程建设[J].现代教育,2018(4):20-21.

[6]李祖华.杨柳年画蕴养千年　传承绽放多彩教育[N].语言文字报,2019-05-03(007).

[7]聂三敏."多彩教育"为学生奠基多彩人生[J].中小学管理,2014(1):54-56.

[8]张凤琴.校园文化与学生的主体性[J].内蒙古教育学院学报:教育科学版,2000(S1):41-43.

[9]张建国,李玉培.校园文化与学生健全人格的形成[J].小学教育科研论坛,2004(11):62.

[10]林湛.学校文化建设与品牌塑造[M].福州:福建人民出版社,2014.

[11]林湛.学校形象识别系统的研究[M].厦门:厦门大学出版社,2015.

[12]张东娇.学校文化管理[M].北京:教育科学出版社,2013.

[13]霍华德·加德纳.多元智能新视野[M].沈致隆,译.杭州:浙江人民出版社,2017.

[14]张舒.透过美国对华科技遏制谈我国核心技术创新突破[J].中国信息安全,2019(2):98-103.

[15]全国十二所重点师范大学联合编写.教育学基础[M].北京:教育科学出版社,2013.

[16]汤玉华.大中小学德育课程内容一体化建设思考[J].教育评论,2017(10):106-109.

[17]郝朝阳.守望童年　着墨多彩[M].北京:光明日报出版社,2015.

[18]俞国良,闫嵘.中外青少年德育课程比较[J].教育科学研究,2005(3):45-48.

[19]陈有东.论新课改下中职德育课程发展性评价模式的科学内涵[J].广西轻工业,2010(7):160-161.

[20]杨天平.人民共和国教育方针五十年论略[J].社会科学战线,2003(2):150-155.

[21]马立武.论陶行知教育民主化思想及其现实意义[J].辽宁教育行政学院学报,1999(1):58-60.

后　记

　　从 2016 年提出"多彩教育"理念到现在,在福建省"十三五"中小学名校长培养工程的支持与指导下,《多彩教育——让每一个孩子拥有绚烂多彩的童年》一书终于问世,心头释然。此过程,艰辛、考验、欣慰,种种体验,不一而足。特别是台前幕后的许多导师和同仁,更值得感谢和铭记。

　　福建教育学院的各位指导专家,对我书稿的架构、内容等提出了建设性的指导意见。指导专家林藩教授多次对各部分如何更好地凸显"多彩教育"的内涵和精髓字斟句酌,认真严谨的精神让我无比感动,也给了我许多有益的启示。

　　老领导任勇局长是一位全国知名的教育专家,著作等身,非常乐意提携后学,一直在关心关注着我和我的学校,我的第一部著作《核心素养导向的课堂教学变革》(与刘胜峰等合著)就是请他写的序。他退休后既专注于数学学具的研究,又经常受邀到各地去讲学指导,其工作繁忙程度不比退休前轻。当他听到我的拙著即将付梓,欣然答应为我写序,给本书增色不少。

　　上海教育科学研究院的杨四耕教授,是位少有的在小学、初中、高中均有过任教经历的专业研究人士,在学校教育哲学、学校整体课程规划、特色课程群及高效教学经验等方面有独特的造诣,他在"多彩教育"理念体系的确立及课程建设方面对我进行了专业的指导。

　　在本书的撰写过程中,我的同事们付出很多,他们不但要做好平时的教育教学和管理工作,还要抽空为本书助力。刘胜峰老师有着丰富的课程开发和教师培养方面的经验,善学习,肯思考,有创新精神,他自己专业成长本身就是一个励志故事;林卫红老师多年从事德育工作,态度严谨,一丝不苟,工作总是令人放心;程少波老师有着多年教学研究的经历,作风务实低调,工作踏实。他们为了本书的出版付出了自己的心力,在本书所提及的教师培养、德育工作和课程开发等方面都留下了他们的智慧和汗水。

　　此外，我的其他同事们在校本课程实施领域经过辛勤探索，也积累了丰富的实践经验，并为本书提供了翔实的案例。

　　在此，一并向他们致以衷心的感谢和崇高的敬意！

　　本书忠实地记录了本人在学校管理中的思想和感悟，对本人的办学理念体系做了比较系统的梳理，比较完整地呈现了厦门实验小学管理的方方面面，所涉及的做法旨在抛砖引玉。由于本人才疏学浅，能力有限，书中难免有疏漏、偏颇甚至错误的地方，希望能得到各位专家、同仁的批评指正。

何宝群

2020 年 8 月 3 日